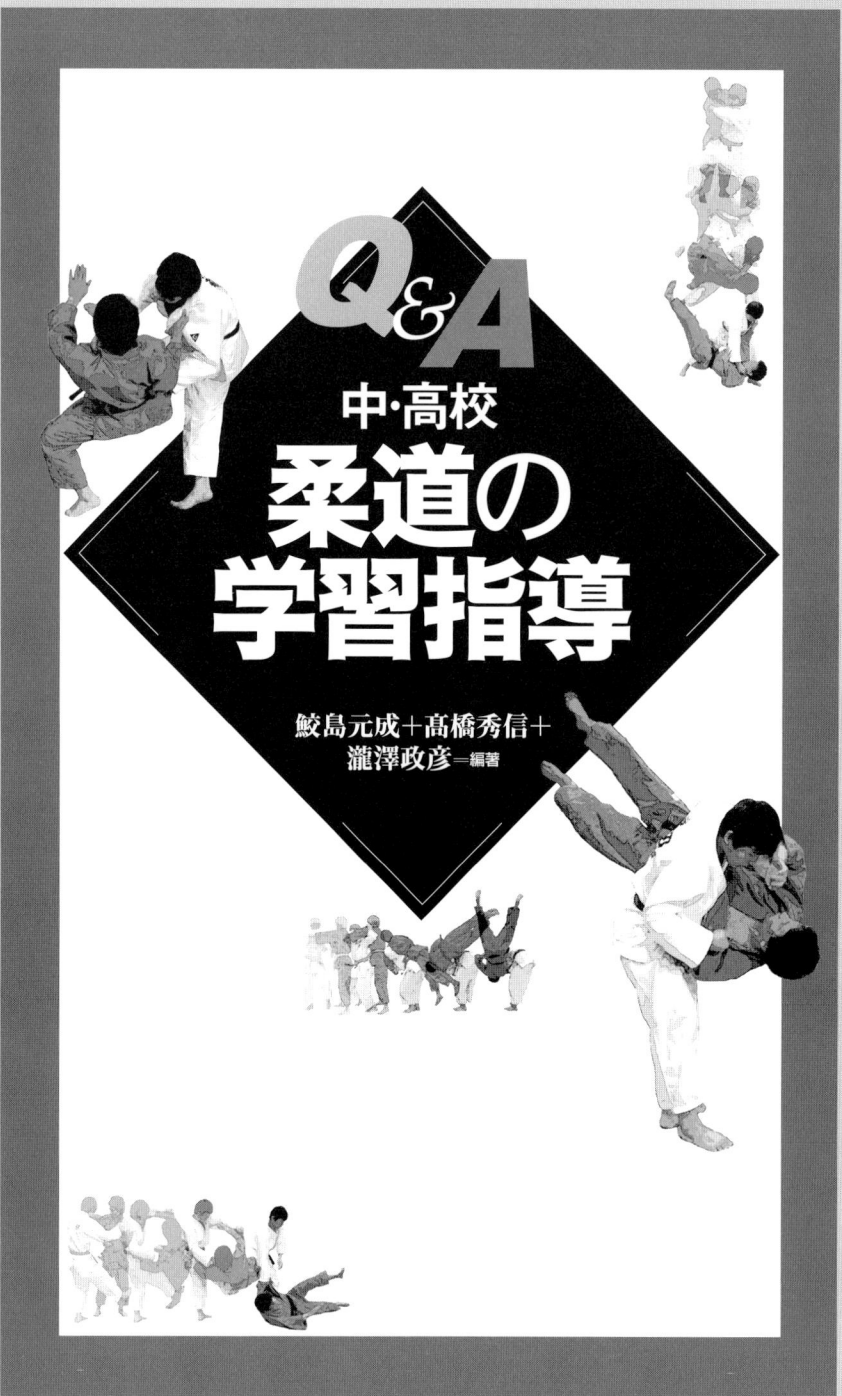

Q&A
中・高校
柔道の学習指導

鮫島元成＋髙橋秀信＋瀧澤政彦＝編著

大修館書店

まえがき

　第1章のQ1「なぜ学校の授業の中に柔道があるのですか？」という問いには「講道館創設以来、柔道の教育的価値が認められているからです」、Q14の「初めて柔道の授業を担当します。どのように準備を進めればいいのですか？」という問いには「何ら心配することなく、自信を持って授業を行ってください」というように、65のQに対してできるだけ簡潔に回答した。

＊　　　　　　　＊

　本書は、現場の教師14名が毎月1回の研究会の中で研鑽を重ねた成果をまとめたものである。生徒に個があるように、授業実践の内容、考え方にも教師それぞれの主張がある。そして、それぞれの主張は決して完璧でもなければ、間違いでもない。お互いに尊重しあって一つの答えにまとめた。一つの提案と考えていただきたい。

　「ゆとり教育」の中で、体育の授業時間が減少し、当然、それにともなって柔道の時間数も減少した。専門の教師であればそこが勝負のしどころで、到達目標の設定、授業内容の精選などに力を注ぐ。しかし、生徒の資質（観点別評価にある項目など）の低下ははなはだしく、授業は困難をきわめる。専門でない教師の苦労はなおさらである。一斉指導にするのか、個に応じた指導をどのように導入するのか、また、生徒主体の課題解決型の授業をどのように展開させるのか、現場の教師の悩みは尽きない。体育評論家が体育専門誌で述べるようにはなかなかいかない。しかしながら、ギブアップするわけにはいかない。

　外来スポーツが盛んな日本のスポーツ界である。その中にあって、学校体育においても、地域社会スポーツにおいても、日本の運動文化の最たるものとして長い間親しまれてきた柔道を学校現場から消してはならない。「国際化」という言葉がいわれるようになって久しいが、日本の文化を知らずして国際化はない。指導者はその意義を考えて頑張って欲しい。

　第3章のQ6「柔道を通した心の教育が重要だと思いますが、どのようなことを強調すべきですか？」に対する「『投げる』『投げられる』を経験させて、人の痛みを知る指導をしてください」という答えが、今の時世にいちばん大切な指導内容ではないかと考える。

＊　　　　　　　＊

　終わりに、前著の『新しい柔道の授業づくり』（平成15年刊）と同様に、全過程において適切なアドバイスをくださった大修館書店の綾部健三氏に深く感謝の意を表し、まえがきとしたい。

著者代表　鮫島元成

●もくじ●

第1章　授業の準備編

1. これだけは知っておきたい柔道の歴史
- Q01 ●なぜ学校の授業の中に柔道があるのですか？ ……………………… 8
- Q02 ●なぜ柔道には2つのルール（規定）があるのですか？ ………………… 8
- Q03 ●嘉納治五郎とはどのような人ですか？ ……………………………… 9
- Q04 ●柔道と柔術にはどのような違いがあるのですか？ …………………… 10

2. 授業を始める前の基礎知識
- Q05 ●生徒の興味・関心を高め、技の習得をスムーズにする方法はありますか？ 10
- Q06 ●なぜ初段になると黒帯を締めるのですか？ ………………………… 11
- Q07 ●怪我や事故を未然に防ぐにはどうすればいいですか？ ……………… 11
- Q08 ●柔道で起きやすい怪我の部位と、その原因は何ですか？ …………… 12
- Q09 ●怪我の起こりやすい状況にはどのようなものがありますか？ ………… 13

3. 学習目標・学習内容のヒント
- Q10 ●授業の柔道では、何を目標とすればいいのですか。それには
  中学校と高校で違いはあるのですか？ ……………………………… 16
- Q11 ●授業の柔道では、どのような学習内容を扱えばいいのですか？ ……… 17

4. 指導計画・学習指導のヒント
- Q12 ●柔道を専門的にやったことがありません。生徒が、楽しく、
  興味を持てる指導計画のヒントを教えてください。 …………………… 18
- Q13 ●柔道の授業で、重視しなければならない学習指導上の留意点を
  教えてください。 …………………………………………………… 19
- Q14 ●初めて柔道の授業を担当します。どのように準備を進めれば
  いいのですか？ ……………………………………………………… 20
- Q15 ●段階的に指導しても、力まかせの技になってしまいます。
  どのような工夫が必要ですか？ ……………………………………… 21
- Q16 ●指導する技の数が多くなると、生徒は、前に習った技を
  忘れてしまいます。何か効果的な方法はありますか？ ……………… 22
- Q17 ●どのような技から指導すると生徒は喜びますか。技の指導順の
  ヒントを教えてください。 …………………………………………… 26

5. 評価に対する新しい視点
- Q18 ●学期末の最後の授業で技のテストを行い、評価をつけています。
  新しい評価の視点として、何を考慮すればいいのですか？ …………… 27
- Q19 ●毎時間の授業で観点別に評価し、それを次の指導に活かすことは
  現実的に可能ですか。どうように指導と評価を一体化していけば
  いいのですか？ ……………………………………………………… 28
- Q20 ●観点別の評価規準がイメージできません。どのように考えて、
  具体的な評価規準を作成すればいいのですか？ …………………… 30

第 2 章　授業の実践編

1. 準備運動の指導のポイント
- Q01 ●生徒が楽しめる体ほぐしの運動にはどのようなものがありますか？ …… 34
- Q02 ●柔道の動きに効果のある補強運動には、どのようなものがありますか？ …… 35
- Q03 ●準備運動では回転運動を行った方がいいのですか？ …… 38

2. 礼法の指導のポイント
- Q04 ●道場の出入りのときに礼をするように指導していますが、生徒に「誰にしているのですか？」と聞かれました。どう答えたらいいのですか？ …… 38
- Q05 ●道場の正面はどの位置に設定するのが正しいのですか？ …… 39
- Q06 ●何度いっても「礼」のできない生徒には、どのように対処したらいいですか？ …… 39
- Q07 ●正座の順序などのように、なぜ礼法は形にこだわるのですか？ …… 40

3. 基本動作の指導のポイント
- Q08 ●「基本動作」とは何ですか？ …… 40
- Q09 ●受け身の練習で頭を打ったり、畳をうまくたたけない生徒がいます。どうすればいいですか？ …… 41
- Q10 ●前回り受け身の到達目標はどこにおけばいいのですか？ …… 43
- Q11 ●前受け身の指導は必要ですか？ …… 44
- Q12 ●前回り受け身では、どちらが右でどちらが左ですか？ …… 44
- Q13 ●投げられたとき、どちらの腕で受け身をとるのですか？ …… 46
- Q14 ●組んだときの姿勢が悪く、力比べになってしまう生徒がいます。こうした場合、どのように指導すればいいのですか？ …… 46
- Q15 ●「相四つ」「けんか四つ」などといいますが、これはどういう組み手のことですか？ …… 47
- Q16 ●進退動作とはどのようなものですか？ …… 48
- Q17 ●動きのぎこちない生徒の矯正にはどのような方法がありますか？ …… 49
- Q18 ●「崩し」「作り」とはどのようなことですか？ …… 51
- Q19 ●「引き手」と「釣り手」の違いは何ですか？ …… 51
- Q20 ●「崩し」「作り」「掛け」「体さばき」の関連はどのようになっているのですか？ …… 53
- Q21 ●「崩し」を実感させるよい練習法はないですか？ …… 53

4. 投げ技の指導のポイント
- Q22 ●「打ち込み」とは何ですか？ …… 54
- Q23 ●投げ技で陥りやすい欠点とその矯正法を教えてください。 …… 55
- Q24 ●腕を突っ張り合って技が出ない生徒には、どのような指導が有効ですか？ …… 66
- Q25 ●右組みで統一していますが、左利きの生徒もいます。どうしたらいいのですか？ …… 67
- Q26 ●組み手争いばかりする生徒がいます。どのように指導したらいいのですか？ …… 68

5. 固め技の指導のポイント

- Q27 ●絞め技、関節技の危険性を考えると、授業ではやらない方がいいのですか？ …………………………………………………… 68
- Q28 ●生徒が楽しめる練習方法にはどのようなものがありますか？ ………… 69
- Q29 ●絞め技で気を失った生徒への対処法を教えてください。……………… 71
- Q30 ●「けさ」「四方」とはどのような状態を指すのですか？……………… 73
- Q31 ●抑え込みからなかなか逃げられない生徒には、どのような指導が有効ですか？ …………………………………………………………… 74

6. 試合の指導のポイント

- Q32 ●試合は行った方がいいのですか？ ……………………………… 77
- Q33 ●授業のまとめとして生徒による大会形式の試合を検討しています。何かよい方法はありませんか？ ………………………………………… 77
- Q34 ●生徒に審判技術を身につけさせたいのですが、可能ですか？ ……… 79

第3章　その他の疑問編

- Q01 ●宗教上の理由で授業に参加できない生徒がいます。どのように指導したらいいですか？ ………………………………………… 82
- Q02 ●装飾品（ピアス・指輪等）をつけてくる生徒がいます。どう指導したらいいですか？ …………………………………………………… 82
- Q03 ●柔道衣の下にジャージやトレーナーを着てくる生徒に対しては、どのように指導したらいいですか？ ………………………………… 83
- Q04 ●男女共習の授業で、男女で組むのをいやがる生徒がいます。どう指導したらいいですか？ …………………………………………… 84
- Q05 ●授業で学んだ礼法を日常生活で活かすには、どうしたらいいですか？ … 85
- Q06 ●柔道を通した心の教育が重要だと思いますが、どのようなことを強調すべきですか？ ………………………………………………… 85
- Q07 ●トイレや玄関のスリッパの整理など、「しつけ」にかかわる内容も指導した方がいいのですか？ ……………………………………… 87
- Q08 ●授業で初段を取得するのは可能ですか？ …………………………… 87
- Q09 ●寒稽古、暑中稽古は何のためにやるのですか？ …………………… 88
- Q10 ●ヨーロッパで柔道人気が高いのはなぜですか？ …………………… 88
- Q11 ●カラー柔道衣に関する議論はどうなりましたか？ ………………… 89

■付　録
　用語解説…………………………………………………………………… 90
　技の分類…………………………………………………………………… 94

第1章
授業の準備編

東京・下谷（現台東区東上野）にある永昌寺と、境内の「講道館柔道発祥之地」の石碑

1. これだけは知っておきたい柔道の歴史

Q01 ▶ なぜ学校の授業の中に柔道があるのですか？

A：講道館創設以来、柔道の教育的価値が認められているからです。

　1872（明治5）年に学制が敷かれ、義務教育制度が制定されました。1883（明治16）年、文部省（現文部科学省）は剣術や柔術を教育にどのように活かせるかを調査し、実際に採用して教育的価値を検討しました。やがて柔術の中でも講道館柔道がその価値を認められ、学校でも次第に講道館柔道を採用するようになっていきました。

　近代、学校体育において柔道が採用されたのは1950（昭和25）年からになります。戦後、学校においては授業や部活動に限らず武道（柔道）は禁止されていました。その後、文部省はGHQ（General Headquarters：連合国軍総司令部）から「現在の柔道は、完全に民主的スポーツとしての性格、内容を備えた」として、学校柔道の復活が認められました。

　以上のような経緯を経て体育教材としての柔道は「格技」の一種として取り入れられていましたが、1989（平成元）年、国際理解を深め、我が国の伝統文化を尊重する態度を重視するという意味で、従来の「格技」から国際的にもよく知られている「武道」へと運動領域名を変更し、実施されるようになりました。

　具体的には、①相手の動きに対応した攻防を展開して試合や練習ができるようにすること、②伝統的な行動のしかたに留意して、相手を尊重し、練習や試合ができるようにすること、③自己の能力に適した技を習得するための練習や試合のしかたを工夫できるようにすること等を目標として実施されています。

　ちなみに、学校教育において柔道を最初に採用したのは学習院で、嘉納治五郎がその教師であった関係から、1883（明治16）年に柔道場が開かれ、柔道科が設置されました。

Q02 ▶ なぜ柔道には2つのルール（規定）があるのですか？

A：柔道が国内のみならず、海外にも普及・発展した結果です。

　国内規定（講道館柔道試合審判規定）は、創始者である嘉納治五郎を中心として1900（明治33）年に13箇条で制定されました。その後、柔道が普及し、

■表 1-1　国内規定と国際規定の主な相違点

	国内規定	国際規定
選手の識別	紅白の紐を締める	青か白の道衣を着用
技の判定基準	「有効」以上	「効果」を採用
抑え込み時間	30秒で「一本」	25秒で「一本」
反則の種類	教育的指導[*1]、指導、注意、警告、反則負け	指導、反則負け

＊1　教育的指導は相手のポイントにならない。

さまざまな戦術、技術が発生すると、危険防止の観点などからルールを改正するなど、いくつかの変遷を経て、現在の国内規定に至りました。

終戦後はヨーロッパを中心として世界的に普及し、国際大会も数多く開催されるようになりました。当初、世界選手権やオリンピックも当時の国内規定で行われていました。しかし、1951（昭和26）年に国際柔道連盟（IJF）が発足すると、1967（昭和42）年に国際規定（国際柔道連盟試合審判規定）が制定されました。制定直後は、ほぼ国内規定と同じ内容でしたが、国際社会の規範にしたがい、柔道がスポーツ競技として観客にもわかりやすいようにルールの改正を重ねてきました。一方、国内規定は武道としての独自性を活かすため、「一本」を取ることを目指しつつ、国際ルールにない「教育的指導」など、柔道の本質である教育的側面をルールの中にも保持しています。

こうした背景があり、現在では2つのルール（規定）が存在します。無論、これは日本国内に限ったことであり、日本以外では国際規定で統一されています。これも伝統を守るべき立場にある創始国独自の悩みともいえるでしょう。

Q03　嘉納治五郎とはどのような人ですか？

A：柔道を創始した人です。

■図1-1　嘉納治五郎

嘉納治五郎は、1860（万延元）年、嘉納次郎作希芝の三男として兵庫県御影市（現神戸市）に生まれました。体が弱く、いじめられっ子だったという説もあるほど病弱だったようです。しかし、大きなことを好み、負けず嫌いで、理知的な人柄でした。生まれつき体が小さく虚弱な体質を変えようと、18歳のときに天神真楊流を、東京大学卒業時には起倒流を学びました。1882（明治15）年には東京下谷・永昌寺に間借りし、講道館を設立、これにより講道館柔道が創始されました。

また嘉納は柔道だけでなく、東京高等師範学校長、国際オリンピック委員会委員、大日本体育協会会長などを歴任し、第12回オリンピック大会を東京に招致した人物としても知られています（後に、日中戦争の関係で開催権を返上）。

1938（昭和13）年、そのオリンピック大会を招致したカイロでのIOC総会の帰国途上、嘉納は風邪をこじらせて肺炎を併発し、船上で永眠しました。77歳でした。

Q04 ▶ 柔道と柔術にはどのような違いがあるのですか？

A：柔道と柔術の決定的な違いは、技術体系よりもその目的にあるといえます。

柔道は、柔術から生まれました。柔道の正式名称は「日本伝講道館柔道」といい、嘉納治五郎が「天神真楊流柔術」と「起倒流柔術」をもとに研究、改良を加え、1882（明治15）年に創始したものです。また国際柔道連盟（IJF）の規約第1条の「定義」には「国際柔道連盟は嘉納治五郎により創始された心身の教育システムであり、かつ、オリンピック実施種目としても存在するものを柔道と認める」と明記されています。それに対して柔術は、その起源を源平の合戦以来の鎧組み討ちにまでさかのぼるものとされています。

嘉納治五郎は柔道に武術的側面を残しながら、体育、修身の機能をあわせもつ明確な教育手段とし、その最終目標を「己の完成」と「世の補益」と位置づけました。柔術は諸流派がありますが、その目的は戦時下においては殺し合いの手段であり、また、戦なき時代においては武士の嗜みとされており、その目的において根本的な違いがあるといえます。

2. 授業を始める前の基礎知識

Q05 ▶ 生徒の興味・関心を高め、技の習得をスムーズにする方法はありますか？

A：まず、柔道によいイメージを持たせることが大切です。

生徒の興味・関心を高めるには、市販のビデオ教材や、オリンピック等のテレビ放映されたものを利用し、柔道のよさを視覚に訴えることが効果的です。また、技の習得には、姿見を利用して、自分の動きを確認したり、技をビデオカメラで撮影して、各自にフィードバックさせる手法も効果的です。

施設の工夫点としては、最近の柔道畳は以前のものと比べ柔らかくなってきましたが、それでも投げられることをためらう生徒もいます。そのような場合には投げ込みマット（薄いマットでもよい）を利用することも効果的です。さらに、畳にテープやチョークでマークをして、足の運び（体さばき）を導いて

いくなどのちょっとした工夫も技の習得には効果があります。

Q06 なぜ初段になると黒帯を締めるのですか？

A：柔道を志した者が、まず目指すのは初段であり、そのステータスシンボルが黒帯ということになります。

段位の認定は㈶講道館が行っています。その講道館の基準の中で、初段以上になると黒帯を締めることが決まっています。段位に対して、何色の帯を締めるかは、表1-2のように規定で示されています。

初段になるための条件は、柔道経験と実績だけではありません。「講道館段位昇段に関する審議規則」の中に次のように定められています。

> 昇段候補者の審議に当たっては、修行者の品性、柔道精神の修得、柔道に関する理解及び術科体得の程度並びにこれをその身に応用している状況、柔道上の功績について評定する。品性不良の者、柔道精神に悖（もと）る言動ある者は、他の事項の如何（いかん）にかかわらず昇段を認めることが出来ない。

このように、ただ柔道の技術向上だけで昇段が認められるのではなく、柔道を通しての人間形成が十分に行われた者に対して認められるということを理解しておくことも、柔道を学ぶ上でたいへん重要なことです。

■表1-2　帯の色と段位

色　段	級　別	適　用
赤　　帯	9段～10段（女子は8段以上）	高段者用
紅　白　帯	6段～8段	
黒　　帯	初段～5段（有段者全般）	成年（原則として13歳以上）
茶　　帯	1級～3級	
白　　帯	4級～5級および初心者	
茶　　帯	1　級	少年（原則として13歳未満）
紫　　帯	2　級	
緑　　帯	3　級	
橙　　帯	4　級	
黄　　帯	5　級	
白　　帯	初心者	

Q07 怪我や事故を未然に防ぐにはどうすればいいですか？

A：到達目標を高くするほど、怪我や事故が起きる可能性は高くなります。しかし、怪我をさせないのが指導者の第一の目標です。

生徒に安全に対する意識を持たせるためには、まずは指導者が危険な行為を先回りして事前に禁じておくこと、さらには危険な行為が授業中に見られた場

合には、すぐに授業を中断して、全体に対して注意を促すことなどを常に実践していくことが必要となります。

相手を投げるという柔道の特性上、一般的に「柔道は怪我をしやすい危険な競技だ」という先入観を持たれがちです。しかし、生徒の体力や技術レベルを把握し、適切な学習内容を展開することで、柔道を安全に行うことは可能です。また、油断をすると怪我に結びつくという緊張感や、練習相手に怪我をさせてはいけないという気持ちが、安全に対する意識や、相手を思いやる心の育成にもつながります。

怪我や事故を未然に防ぐためには、
①生徒一人一人に安全に対する意識を持たせること。
②相手を思いやる気持ちを持って練習に取り組む姿勢を育成すること。
が重要なポイントになります。

生徒の中には柔道経験が少ないため、「何を、どうしたら、どう危ないのか」が理解できないため、危険な行動を起こす生徒も見られます。たとえば、狭いスペースで周囲の安全を確認せずに相手を投げてしまったり、投げた後に相手と一緒に倒れてしまったり、さらに、バランスを崩しているにもかかわらず無理に投げようとしたりする例が見られます。

また、柔道の特性を踏まえ、他の種目以上に、相手は競争相手であると同時に、大切なパートナーであるという意識を持って、練習に取り組むことの重要性を強調したいものです。具体的には、投げるときには最後まで手を持って相手の安全を確保する、お互いの技量に応じながら力の入れ方を調節できるようにするなどがあげられます。

以上の他に、安全を確保するために次のような点にも注意する必要があるでしょう。
①手足の爪は短く切っておく。
②金属類や固いものをいっさい身につけさせないようにする。
③メガネを使用している生徒には、組んで練習をするときには必ず外す習慣をつける。
④柔道場およびその周辺に危険な物を置かないようにする。
⑤常設の道場でない場合には、畳に隙間やズレができないように注意を払う。

Q08 ▶ 柔道で起きやすい怪我の部位と、その原因は何ですか？

A：柔道だからといって、とくに特異な怪我はありません。

日本体育・学校健康センターの調査によると、柔道で比較的多く起こる外傷として、打撲、挫傷、骨折、脱臼、捻挫があげられています。受傷部位としては鎖骨、足指、手指、足首、膝などが多く報告されています。受傷場面として

は投げ技で投げられたときが最も多く、技としては背負い投げ、大外刈り、足払いが多く報告されています。

怪我の原因として、①技の習熟不足、②受け身の未熟さ、③技の導入時期の問題、④投げ技指導の約束事項の不徹底などが考えられます。上記①②の問題は、③④と密接に関連するものであり、指導者の配慮で怪我を未然に防ぐことが可能です。とくに、背負い投げ、大外刈りは、自由練習や試合で生徒がよく使う技であり、頭部打撲による脳挫傷、頸部損傷という重大事故につながるおそれのある技でもあります。とくに指導上の注意が必要であると考えます。

Q09 怪我の起こりやすい状況にはどのようなものがありますか？

A：怪我の多くは無理な体勢で相手を投げようとしたときに発生しています。

その特徴的な事例を以下にあげます。指導にあたる場合には、その状況を常に意識して、事前にその状況を生徒によく理解させるとともに、授業の中でそのような状況が発生した場合は、いったん授業を中断して、全体に注意を喚起することが大切です。

❶通常習う方向とは逆の方向に投げる（図1-2、1-3）
(1)生じやすい事故

投げられた者——手をつき、手首、肘を傷める。
(2)指導のポイント

自由練習や試合のときによく見られるケースです。逆方向へ投げると、ふだんと違う動きのために技が掛かりやすい場合がありますが、投げられた者は受け身をとりづらく、怪我につながる可能性があります。初歩の段階では、逆方

■図1-2　引き手と逆方向に投げる——膝車

■図1-3 引き手と逆方向に投げる――一本背負い投げ

■図1-4 極端に低い姿勢で技を掛ける――体落とし

■図1-5 極端に低い姿勢で技を掛ける――背負い投げ

向へ投げることは禁じた方がよいでしょう。授業の進行とともに、技や受け身の習熟に合わせて、応用的な技能として逆方向へ投げることも取り入れ、その上で、禁止技から解除するといいでしょう。

❷極端に低い姿勢で（膝をついて）技を掛ける（図1-4、1-5）

(1)生じやすい事故

　投げた者――出した右足に受の体重がかかり、膝を傷める（体落としの場合）。
　投げられた者――頭部、肩を傷める。手をつき、手首、肘、腕を傷める。

(2)指導のポイント

　膝をついて技を掛けることは禁止します。また、体勢が崩れて膝をつくような極端に低い姿勢になった場合は動作を中断するか、両手を離すように指導します。さらに、投げられそうだと思われる場合は、潔く自分から受け身をとるように常々指導することが大切です。

❸前かがみの状態で技を掛ける（図1-6）

(1)生じやすい事故

　投げた者――頭から突っ込み、頭部、頸部を傷める。
　投げられた者――投げた者と一緒に畳に落ち、頭部、肩、肘、手首を傷める。

(2)指導のポイント

　この場合は投げた本人が非常に危険であることを理解させます。具体例として、試合の審判規定では事故防止の観点から1回で「反則負け」になるほど危険であることを指導します。技を掛けるときは、絶対に下を向かず正しい姿勢を保つように指導します。また、体勢が崩れて前かがみの状態になった場合は、動作を中断するように指導します。

■図1-6　前かがみの状態で技を掛ける――内股

■図1-7　同体で倒れる――大外刈り

❹同体で倒れる（図 1-7）

(1)生じやすい事故

投げた者――投げられた者の膝で腹部や股間を強打する。

投げられた者――後頭部を強打する。背中を強打、胸部を圧迫する。

(2)指導のポイント

初歩の段階からしっかりと立って投げることを徹底させ、倒れながら投げることは禁止します。投げようとして体勢が崩れたときは、技を中断して正しい姿勢から再度技を掛けることを徹底させます。

3. 学習目標・学習内容のヒント

Q10 ▶ 授業の柔道では、何を目標とすればいいのですか。それには中学校と高校で違いはあるのですか？

A：基本的には授業における柔道の目標は、学習指導要領に示されている目標や内容が前提となります。

学習指導要領では、小学校、中学校、高校と、児童・生徒の成長過程を踏まえ、それぞれの目標に発展性がありますが、究極の目標は「明るく豊かな生活を営む態度の育成」であり、その点で違いはありません。また、武道の内容も、中学校と高校で大きな違いはありません。つまり、学校現場では、学習指導要領で示された目標を踏まえ、地域性や生徒の実態に応じて、より具体的な学習目標、学習内容を設定することが大切になってきます。

以下に、学習指導要領に示されている保健体育科の目標（小学校、中学校、高校）と、武道の内容（中学校、高校の比較）の抜粋を掲載しますので、それぞれの現場の実態に合った学習目標や学習内容を設定する参考にしてください。どうしても目標や内容が技能に偏りがちになるので、技能、態度、学び方の3つの観点をバランスよく盛り込むことにも留意しましょう。

●参考資料――学習指導要領の記述

(1)小学校体育の目標

- 心と体を一体としてとらえ、適切な運動の経験と健康・安全や運動についての理解を通して、……
- 運動に親しむ資質や能力を育てるとともに、……
- 健康の保持増進と、体力の向上を図り、……
- 楽しく明るい生活を営む態度を育てる

3. 学習目標・学習内容のヒント

(2) 中学校と高等学校の保健体育科の目標〈以下、下線が相違点。（ ）内が高校〉

- 心と体を一体としてとらえ、運動や健康・安全についての理解と運動の合理的な実践を通して、……
- <u>積極的に</u>（<u>生涯にわたって計画的に</u>）運動に親しむ資質や能力を育てるとともに……
- 健康の保持増進のための実践力の育成と体力の向上を図り、……
- 明るく豊かな生活を営む態度を育てる

(3) 中学校と高等学校の体育分野の目標

- 運動技能を高める
- 運動の楽しさや喜びを（<u>深く</u>）味わう
- 体の調子を整える
- 体力の向上を図る
- 公正・協力・責任の態度、健康・安全に留意する態度を育てる

(4) 中学校と高等学校の武道の内容

- 自己の能力に<u>適した</u>（<u>応じて</u>）技能を身に付ける（<u>高める</u>）
- 相手の動きに対応した攻防を展開して練習や試合ができるようにする
- 伝統的な行動の仕方、相手を尊重する態度、勝敗に対して公正な態度を身につける
- 禁じ技を用いないなど安全に留意する
- 自己の能力に<u>適した</u>（<u>応じた</u>）技を習得する
- （<u>計画的な</u>）練習の仕方や試合の仕方を工夫する

Q11 ▶ 授業の柔道では、どのような学習内容を扱えばいいのですか？

A：技能を重視した「技を教え込む授業」から、態度や学び方を重視した「技を自ら工夫する授業」への転換を図ることが大切です。

　これまでは、教師主導の一斉指導によってたくさんの技を教え込む授業が一般的でした。そのために、技能を中心とした学習内容が重視されていました。これからの柔道の授業では、学習内容として技能だけでなく、態度や学び方についても十分に吟味することです。

(1) 技能について

　これまでの柔道の授業は、受け身などの基本動作の指導から始まって、たくさんの技をいっせいに指導し、最後に、試合や実技テストをするのが一般的でした。このような授業では、生徒は常に学習態度が受け身となり、自ら工夫して得意技を身につける柔道本来のよさを活かすことができません。

　生徒が得意技を自ら工夫するためには、たとえば、全員にすべての技を教え

— 17 —

るのではなく、初めに基本的な技を指導した上で、技の系統性や練習のしかたを示し、生徒自身に技を選ばせ、それに磨きをかけるようにします。また、試合を学習のまとめとして行うのではなく、学習の途中に入れ、自分の技の課題を見つける機会とするなどの工夫が必要になります。

(2)態度について

　柔道は嘉納治五郎の創設以来、その最終目標を「己の完成」と「世の補益(ほえき)」と位置づけ、教育的な価値を重視してきました。それは人間形成の上では、態度の内容と深くかかわるものだからです。柔道の授業における態度の内容として、伝統的な行動のしかたにかかわる態度、公正、協力、責任などの社会的な態度、健康・安全にかかわる態度があげられます。他のスポーツと違い、相手を投げたり、抑えたり、絞めたり、関節をきめたりなど、直接相手と激しく接して、感情のコントロールを必要とするだけに、柔道の授業では態度の育成がきわめて重要となります。

(3)学び方について

　これまでの「黙って先生についてこい」といわんばかりの教師主導の授業展開も必要ですが、それだけでは自主的、自発的な学習態度は身につきません。生徒に練習のしかたや進め方などの学び方をていねいに理解させながら、授業を進めることが必要になってきます。生徒が自分の課題を見つけ、その解決に向けて自ら工夫できる授業展開が大切です。このような経験や実践が生涯にわたって運動に親しみ、自ら運動を計画し、実践する能力を高めることにつながると考えます。

4. 指導計画・学習指導のヒント

Q12 柔道を専門的にやったことがありません。生徒が、楽しく、興味を持てる指導計画のヒントを教えてください。

A：柔道を専門的にやったことのない教師はもちろん、専門家でさえ授業で大勢の初心者を指導するのはたいへんなことです。しかし、心配は無用です。柔道には、それ自体にすばらしい教材としての魅力があるからです。

　他のスポーツにはない柔道のよさを活かした授業をするために、ここでは、学習指導のヒントとして、単元計画の中で「得意技探しの旅」をストーリーとして展開することを提案します。柔道を体験することで、相手を思いやる心、それを表現する礼儀作法、自分で課題を見つけて創意工夫する力など、今の子どもたちに必要な力を育むことが可能です。

4. 指導計画・学習指導のヒント

(1) 楽しい授業は、意図的、計画的な単元計画から

「先生、今日の柔道は何をやるんですか？」と体育委員が尋ねてくるようでは、楽しく、興味の持てる授業は望めません。単元計画とは、年間計画で定められた運動種目を一定の学習のまとまりとして、どのように展開していくかを明らかにしたものです。柔道の単元計画を作成するときに、生徒が自分に合った技を発見し、それを工夫し、得意技に高めていく過程（得意技探しのストーリー）を必ず織り込むようにします。学校によって、柔道に配当できる時間数は異なるでしょうが、得意技探しのストーリーが1枚の用紙で見通せる単元計画を作成し、それを教師と生徒で共有します。

(2) 単元計画の工夫について

初歩の段階のストーリーは、受け身などの基本動作と関連づけて得意技に発展する基本となる技を身につけることをねらいとします。これまでは、受け身などの基本動作を身につけてから、投げ技、固め技などの対人的技能の指導に入るのが一般的でした。しかし、受け身ばかりの授業では生徒は興味を持ちません。初めから、受け身や体さばきといった基本動作と関連づけて技を指導するようにすることが大切です。この段階では教師主導の一斉授業を主体として、礼法や基礎的、基本的な技能をしっかりと身につけていくことです。

次の段階のストーリーは、基本となる技をもとに、類似した技を覚えながら、自分に適した技を見つけることをねらいとします。単元計画の前半は、今できる技を使って自由練習や試合を楽しみ、後半は、今できる技を発展させ、自由練習や試合の中で自分に適した技を見つけていきます。この段階から、教師主導の一斉指導から、グループによる学習へと移行していきます。ポイントは自分に適した技を探す過程で、グループ化を進めることで生徒の意欲や関心を高めていくことです。

進んだ段階のストーリーは、自分に適した技を、得意技として磨きをかけていくことをねらいとします。単元計画の前半は、自分に適した技を使って自由練習や試合を楽しみ、後半は、技を発展させ得意技として、自由練習や試合の中で活かせるようにしていきます。この段階から、グループによる学習を中心としていきます。

ポイントは得意技を磨く過程で、グループ化を進めること、また、試合のチーム編成をうまく利用して、試合の運営を生徒自身に行わせることで生徒の意欲や関心を高めていくことです。

Q13 ▶ 柔道の授業で、重視しなければならない学習指導上の留意点を教えてください。

A：(1)「相手を尊重すること」、「自分を律すること」の指導を重視すること、(2)柔道を通して国際化を考えること、(3)「生きる力」すなわち主体性の育

成を重視すること、が重要です。

(1)「相手を尊重すること」、「自分を律すること」の指導を重視する

そもそも「殺傷技術」であった「武術」、「柔術」をもとに、嘉納治五郎が教育の手段として「柔道」を創始しました。柔道の技術は、相手と直接組んで投げ、抑え、絞め、関節をきめることです。その技術は、たんに相手を制することが目的であれば、それは暴力にすぎません。そこに相手を尊重する態度が必要となってきます。

授業の中で、相手を投げたり、試合で勝つことも一つの目標となりますが、その過程において、「相手を尊重できたか」、「自分を自分で律すること（克己）ができたか」という指導を常に心がけてほしいと考えます。

(2)柔道を通して国際化を考える

柔道は日本の代表的な運動文化です。サッカーやバスケットボールなどの外来スポーツにもそれぞれの特性があり、その発祥国の文化を内包しています。そうした運動文化の違いを理解し、尊重するとともに、柔道においては、礼法などの行動様式や相手を尊重する態度をわが国の運動文化の象徴として重視させることが大切です。

国際化とは、外国と同じような様式になることだけでなく、それぞれの文化を認め、その違いを尊重することでもあります。柔道という運動文化を学習することによって、自国の文化に自信を持って海外に発信することができるようにしたいものです。

(3)「生きる力」すなわち主体性の育成を重視する

具体的には、生徒にやらせる授業ではなく、生徒が自ら積極的に授業をつくる能力を育てることが大切です。もちろん授業の主導権は教師にありますが、実際には、生徒一人一人に常に教師の目が届くわけではありません。とくに、安全面の留意事項は生徒の自覚にゆだねられる面が多く、どのようなときに、どのような事故が起きるのか、どのような態度で授業に臨むのかを十分に理解させる必要があります。

技の指導においても、すべてを教え込むのではなく、生徒が自ら工夫する場面が大切です。なぜこの技は相手を倒すことができるのか、抑えることができるのか、また、自分より強い者、弱い者、同等の者、そして女子（男子）に対してどのような対応をするのかなど、生徒に自ら考える機会を与え、生徒に考えさせる授業を展開することが大切です。

Q14 ▶ 初めて柔道の授業を担当します。どのように準備を進めればいいのですか？

A：何ら心配することなく、自信を持って授業を行ってください。

柔道の専門家ほど、自己の技能や経験に頼りすぎて、受け身の反復練習や技

を教え込むことに終始する古いスタイルの授業に陥りやすいものです。むしろ、初めて授業を担当する教師の方が、十分に準備をし、新しい観点から授業を展開することが可能です。

　授業の準備は他の種目と同様、まず授業の単元計画を立てる必要があります。その際には市販の書籍類を参考にするのがよいと思います（『学校体育実技指導資料・柔道指導の手引き』（東山書房）、『新しい柔道の授業づくり』（大修館書店）等を参考にするとよいでしょう。ビデオ「学校体育指導ビデオ（柔道）ホップ・ステップ・柔道」（NHKソフトウェア）も、実際の動きがわかりやすく、参考になります）。

　そして、各都道府県教育委員会が主催する体育実技指導者研修会や㈶日本武道館、㈶全国高等学校体育連盟柔道部ほかが主催する全国高等学校・中学校柔道（部活動）指導者研修会などの研修会に参加すると、柔道の実技の指導力向上のみならず、単元計画の立て方から指導法まで、実りある講習が受けられ、実際の指導でたいへん役立ちます。

　また、他の種目の単元計画と同様に、まず施設・用具等の準備点検を行ってください。畳の破損状況、畳の材質（最近では少なくなりましたが藁床の畳より、弾力材を使用した畳の方が安全です）、壁や柱のプロテクターの有無、柔道場の広さ、柔道衣の選定等の安全面での指導と、清掃のしかたなどの衛生面での指導の準備を行ってください。

　最後に、単元計画にもとづく学習指導を通じ、生徒がどれだけ当初の目標に近づけたかを計るための評価規準を作成しなければなりません。これは「関心・意欲・態度」、「思考・判断」、「技能」、「知識・理解」の4項目からなる観点別評価を基本として考えればよいと思います。

　詳しくは「5．評価に対する新しい視点」のQ20を参考にしながら具体的な評価規準を作成するとよいでしょう。

Q15 段階的に指導しても、力まかせの技になってしまいます。どのような工夫が必要ですか？

A：力だけで相手を投げることはむずかしいと認識させることです。

　スポーツの美しさは無駄のない力とその動きにあります。力を入れるためには力を抜かなければなりません。しかし、初心者の場合、がんばろうと意識すると、無駄な力が入って力まかせになります。そのようなときは、次の方法を試してみてください。

(1) 力で相手を投げることはむずかしいと認識させる方法

　同じくらいの体格の者どうしで組み、技を禁止して、力まかせに相手を振り回して倒すように指示します。

　約30秒で生徒はくたくたに疲れますが、相手はほとんど倒れません。その

機会を捉え、相手を倒すためには力ではなく技が必要であることを指導します。
(2)投げ技の段階的指導法
　ここでは、技の指導順序の一例をあげます。まず、タイミングを覚え、次に、形づくりをします。そしてスピードや力のグレードを上げていきます。タイミング、形づくりができないうちはグレードを上げる必要はありません。
　以下、「体落とし」を例にとって説明します。
①タイミング…イチ・ニー・サン（右足・左足・右足）
②スペーシング（空間認識）・フォーミング（形づくり）
　手……右手は垂直に、手首を自分の耳に引きつける感じで釣り上げます。
　脚……両足を畳約半畳分開き、両爪先は前方に向けます。右足の爪先を左足の踵の位置に置き、膝をやわらかく前に曲げます。
③グレーディング
　タイミングの速さや力強さをグレードアップすることをねらいとしています。①、②ができないうちは必要ありません。間違った動作が身につき、怪我をする可能性もあります。
(3)かかり練習、自由練習の中の工夫
　技を掛けようとすればするほど力が入ります。初心者が力を入れようとすると、その力は相手に伝わらず、自分の体の中で無駄に使われてしまいます。かかり練習、自由練習の中でそのような傾向が見られる場合は、「手首の力を抜け」「肘を動かせ」「膝はやわらかいか、曲がるか」などの声をかけてやることによってリラックスさせることが大切です。

Q16 ▶ 指導する技の数が多くなると、生徒は、前に習った技を忘れてしまいます。何か効果的な方法はありますか？

A：限られた時間数の中でいくつもの技を指導する場合は、類似した技を関連づけて指導すると効果的です。

　技を関連づけることで、生徒もわかりやすく、技のまとまりの中から自分に合った技、好きな技を選択して練習することもできます。
　次の方法を試してください。

❶手の用法が類似な技を選択する
(1)膝　　車　（図1-8）
・タイミングは「イチ、ニー」。
・右手はおおよそ垂直に釣り、左手は水平に引く。
・左足裏を相手の膝に当てる。
(2)支え釣り込み足　（図1-9）
・タイミングは「イチ、ニー」。

■図1-8　膝　車

■図1-9　支え釣り込み足

■図1-10　体落とし

■図1-11　釣り込み腰

・右手はおおよそ垂直に釣り、左手は水平に引く。
・右足（軸足）は膝車より内側に置く。
・左足裏を相手の足首に当てる。

(3)体落とし（図1-10）
・タイミングは「イチ、ニー、サン」。
・右手はおおよそ垂直に釣り、左手は水平に引く。
・投げるとき、斜め左下に引き落とす。
・両足の広さは約半畳に開き、右足がわずかに相手側につく。

(4)釣り込み腰（図1-11）
・タイミングは「イチ、ニー」。
・手の使い方は体落としとほぼ同じ。
・両足の広さは肩幅で、膝を十分曲げる。

❷脚の用法が類似な技を選択する
○大腰・釣り込み腰・背負い投げ
・タイミングは「イチ、ニー」。
・脚の用法はおおよそ同じ（おんぶのときの広さ）。
・手の用法が異なる。
　　　　大　　　腰：右手は相手の後ろ腰に当てる（図1-12）。
　　　釣り込み腰：右肘が相手の左脇に入る（図1-13）。
　　　背負い投げ：右肘が相手の右脇に入る（図1-14）。

❸技の変化を利用する
　一つの技に対して応じ技（変化技）を同時に指導する。
(1)大外刈り―大外返し（図1-15）
　相手が大外刈りを掛けてきたとき（①）、取は軸足を後ろに引き（②）、釣手をきかせて大外返しに切り返す（③）。

■図1-12　大　　腰　　■図1-13　釣り込み腰　　■図1-14　背負い投げ

4．指導計画・学習指導のヒント

■図 1-15　大外刈り―大外返し

■図 1-16　大内刈り―大内返し

■図 1-17　出足払い―つばめ返し

■図 1-18　小内刈り―膝車

第1章　授業の準備編

(2)大内刈り―大内返し（図 1-16）
　相手が大内刈りを掛けてきたとき（①）、取は膝車の手の用法で（②）、相手の右足を払い投げる（③）。
(3)出足払い―つばめ返し（図 1-17）
　取の出ている足を相手が払った瞬間（①）、取は自分の足を抜き上げ（②）、逆に相手の右足を払う（③）。
(4)小内刈り―膝車（図 1-18）
　相手が右足で取の右足を刈りに来た瞬間（①）、取は刈られた右足を相手の膝に当て（②）、体をひねって投げる（③）。

Q17　どのような技から指導すると生徒は喜びますか。技の指導順のヒントを教えてください。

A：一般的に、巴投げや背負い投げなど、相手の体が完全に空中に浮くダイナミックな技ほど生徒は興味を示し、喜びます。

　しかし、初心者の場合、畳に落ちるときの衝撃を考えると、このような技から教えることは安全面からは問題があります。生徒に怪我をさせては指導者としては失格です。

　生徒の興味・関心を優先しながら、怪我の発生を最大限防ぐために、指導する技の選択や技の指導順には十分な配慮が必要です。それには、次のような方法がよいと思います。

❶膝車からの導入
(1)ねらい
　安全面を優先した指導順です。受け身の習得に視点を置き、低い姿勢から安心して受け身がとれるようにします。
(2)方　法
　初めに、膝車、支え釣り込み足、出足払いなどの足技から指導します。次に、大腰、釣り込み腰などの腰技、さらに、体落とし、背負い投げなどの手技を指導します。
(3)留意点
　初めは、足技で、投げられる方が片足を畳についた状態で、捻れるように受け身をとることで安心感を持たせます。次に、腰技で、宙に浮いて受け身をとる感覚を身につけます。最後に、手技で、ダイナミックに受け身をとる感覚を身につけます。

❷大腰からの導入
(1)ねらい

　投げ技の醍醐味と技の習熟を優先した指導順です。投げ技の中核をなす前回りさばきの技を初歩の段階から導入し、実践的な受け身の習熟を目指します。

(2)方　法

　初めに、大腰から指導し、次に、体落とし、背負い投げなどの手技を指導します。

(3)留意点

　初めの大腰は、相手を腰に乗せて、ゆっくり投げることで、前回りさばきで技に入る感覚と、宙を舞って投げられる感覚を身につけます。受け身に慣れてきたら、体さばきの回転力を使って投げる感覚を身につけます。

❸抑え技からの導入
(1)ねらい

　怪我の心配の少ない抑え技から導入して、初歩の段階から自由練習を行い、全力で攻防する楽しさを味わわせます。

(2)方　法

　初めに抑え技の条件を示し、その条件を満たすように抑え技を考えさせて、自由練習で試してみます。次に、抑え方のポイントを示しながら、横四方固め、上四方固め、けさ固めなどの抑え技の入り方、応じ方を指導します。

(3)留意点

　初めから抑え技の形を細かく指導せずに、自由練習の攻防を多く経験させる中で、生徒自身に抑え方や応じ方のポイントを考えさせるようにします。

5. 評価に対する新しい視点

Q18
学期末の最後の授業で技のテストを行い、評価をつけています。新しい評価の視点として、何を考慮すればいいのですか？

A：評価の目的を考え直すことです。

　「評価」を学習状況の「点検」という言葉に置き換えてみるとわかりやすくなります。評価というと、すぐに通知表の5段階の数字を思い浮かべる人は多いと思いますが、評価はそもそも何の目的でやるのでしょうか。それをもう一度考え直そうというのが、新しい評価の視点です。

　これまで、柔道に限らず体育の授業では、単元の最後に技能テストを行い、

評価の材料とするのが一般的でした。これは結果に対する評価、評定をつけるための評価でした。しかも、それはたんに知識や技能だけで判断するものでした。これではもともと技能の優れた者や運動能力の高い者は、学習状況にかかわらず高い評価を得ることになります。

生徒にとっての評価は、自分の学習状況に気づき、自分を見つめ直すきっかけとなり、その後の学習活動に活かされるものでなくてはなりません。また、教員は評価を結果に対してだけ行うのでなく、常に、評価を次の指導にフィードバックさせることが必要です。評価を学習活動のまとめではなく、生徒と教員の学習状況の点検作業ととらえ、その後の指導の改善、充実に活かす視点を持つことが大切であるということです。

これまでも、実際の授業では、教員は評価として意識する、しないにかかわらず、生徒の学習状況を点検し（評価し）、その時々に声をかけ、指導を行ってきました。それを、より計画的、意識的に、評価と指導とを関連づけながら、学習活動を充実させていけばいいわけです。

● 実践のヒント

①授業の単元計画と一緒に評価計画を作成する。
・年度初めに授業内容と評価の観点を示す一覧表を生徒に配布する。
・毎時間どの観点を主に評価するか、ポイントを絞り、授業に臨むようにする。
②授業の中に、生徒の自己評価、相互評価の時間を位置づける。
・グループごとにミーティングを行い、学習活動の状況について点検させる。
・学習ノートを作成し、生徒各自が自己評価、相互評価をできるようにする。
③生徒の実態に即して、学校ごとの評価規準を作成する。
・具体的な評価規準として、体育科の教員が共通認識できる観点別の生徒の姿のイメージをつくる。
④評価・指導の内容を記録に残す。
・評価は、必ずしもテストやアンケートの形式を整えなくてもよい。生徒の姿（観察）や学習ノート（点検）から、それを読み取ることで十分である。ただし、感覚に頼らず、観察、点検、指導、助言の内容を評価累積簿などに蓄積することが、生徒や保護者への説明責任を高め、次の学習指導の改善を促すことになる。

Q19

毎時間の授業で観点別に評価し、それを次の指導に活かすことは現実的に可能ですか。どのように指導と評価を一体化していけばいいのですか？

A：授業のたびに毎回評価する必要はありません。また、1時間の授業の中で、複数の評価の観点を入れる必要もありません。

むしろ、数回にわたり同じ観点を評価したり、ねらいを絞って計画的に評価

していくことが大切です。そのためにも、1時間、1時間の細切れではなく、一つの単元を学習活動のひとまとまりと考え、その中で、どこで、どの観点を評価するか、あらかじめ単元計画に対応した評価計画を立てておきます。こうすることでゆとりをもって評価活動を行い、それをもとに指導を改善していきます。評価と指導とをよりよく連携させるためにも、くれぐれも評価に追われる授業に陥らないようにすることが大切です。

そのためには、以下に示すような単元計画とそれに整合した評価計画表を作成すると効果的です。

●実践のヒント──評価と指導の連携（一体化）の具体例

ここでは高校2年生の20時間の柔道の単元計画（表1-3）をもとに、評価と指導との連携を考えてみます。

「はじめ」の段階では、1年次の柔道の技能や経験を活かし、互いに協力して学習に取り組もうとする意欲や態度を評価し、それをもとに、ビデオ等を活用し、学習の動機づけを高める指導を工夫します。また、簡易な試合を通して、技能や知識を評価し、それをもとに、自分の使える技を意識させたり、練習法や審判法を再確認し、柔道の知識・理解を深めるように指導します。

「なか」の段階では、自由練習で、自分の使える技を工夫・改善しているかどうかを評価し、それをもとに自分に合った技を選んで高めるようにします。さらに、試合を通して、技能を評価し、それをもとに、得意技を磨くように指導します。

「まとめ」の段階では、観点別評価の総括を行い、それをもとに、次の学習のステップとなるよう指導します。

■表1-3　評価計画表の具体例──高校2年・柔道（20時間）

単元		観点別学習状況の評価計画			
		関心・意欲・態度	思考・判断	技能	知識・理解
はじめ（3時間）	オリエンテーション等 学習計画の周知 簡易な試合	◎			○
なか（16時間）	[ねらい①（8時間）] 今、自分の使える技を工夫して、自由練習を楽しむ	○	◎		
	[ねらい②（8時間）] 得意技を磨いて試合を楽しむ	◎	○	◎	◎
まとめ（1時間）		総括			

◎とくに重視する観点
○重視する観点

Q20 観点別の評価規準がイメージできません。どのように考えて、具体的な評価規準を作成すればいいのですか？

A：保健体育科の教員全体で、目標に照らし、これくらいできればいいだろう（おおむね満足）とする観点別の共通認識をつくることです。

それをできるだけ具体的な生徒の行動や姿として言葉に置き換えるわけですが、やはり言葉には限界があります。大切なことは、評価規準の作成を通して、生徒の実態から、うちではこの観点を重視して学習活動を活性化させようという教員相互の共通認識をつくることです。

評価規準は、学習指導要領に示す目標の実現状況を判断するよりどころです。「こんなことができれば（わかれば）いいのですよ」といった学習指導要領に示された目標や各運動領域の内容を確認し、それを現場の生徒の姿に置き換えて考えていくことです。理想的な評価規準の作成は永遠の課題といえます。各学校現場の実態に応じて試行錯誤しながら具体的な評価規準を作成することで、学習活動をよりよくするという視点を持つことが大切です。

❶実践のヒント

(1)学校の実態に即した「具体の評価規準」の作成手順

①学習指導要領に示された目標、各運動領域の内容を確認する。その上で、生徒の実態を踏まえ、体育の授業を通して育てたい生徒像を描く。

②その生徒像に迫る3年間の体育の年間計画を作成し、それをもとに各学年の種目別の単元計画を作成する。

③それぞれの単元計画に即した評価計画を立て、それをもとに観点別に「おおむね満足できる状況」を表す評価規準を作成する。評価規準は、具体的な生徒の行動や学びの姿をわかりやすく表現する。

(2)評価規準の精選のヒント

表1-4は評価規準の要素と、それを判断する生徒の行動や姿を例示したものです。あくまでも例示であり、学習活動のどこにスポットを当てて、それを判断するかは、各学校の裁量になります。評価活動は学習活動をよりよくするための教員と生徒の点検作業です。学習指導要領の趣旨を踏まえながらも、実態とかけ離れた言葉遊びに陥らないような各学校の工夫・改善が必要です。

❷参考資料

①学習指導要領に示された武道の内容（中学校、高校）〈下線が相違点、（ ）内は高校〉

中学校、高校で とくに内容的な違いはない。高校では、発達段階や中学校での経験等を考慮し、より発展的、計画的に扱うことを心がける。

5. 評価に対する新しい視点

- 自己の能力に適した（応じて）技能を身に付ける（高める）
- 相手の動きに対応した攻防を展開して練習や試合ができるようにする
- 伝統的な行動の仕方、相手を尊重する態度、勝敗に対して公正な態度を身につける
- 禁じ技を用いないなど安全に留意する
- 自己の能力に適した（応じた）技を習得する
- （計画的な）練習の仕方や試合の仕方を工夫する

■表1-4　評価規準の要素例と生徒の姿

	評価規準の要素例	生徒の姿の例（おおむね満足な状況）
関心・意欲・態度	運動の楽しさ体験 公正・協力・責任などの態度 健康・安全にかかわる態度	喜び、笑顔、楽しもうとする 配慮しようとする、協力しようとする 注意しようとする
思考・判断	課題の設定 課題解決のための練習内容の決定 練習方法（場）の工夫	課題を選んでいる、決めている 内容を選んでいる、決めている やり方を選んでいる、工夫している
技能	今の技能を活かせる 新しい技能を身につける 技能や記録の向上	既習の技ができる、使っている 新しい技にチャレンジしている 技が上達している、うまくなっている
知識・理解	運動の特性とねらい 運動の技能構造 ルールと審判法	答えることができる、説明できる 答えることができる、説明できる 審判ができる、審判の助言ができる

■表1-5　評価規準の具体例――高校2年・柔道（20時間）

単元		観点別の評価規準			
		関心・意欲・態度	思考・判断	技能	知識・理解
はじめ（3時間）	オリエンテーション等 学習計画の周知 簡易な試合	<u>自分の技を習得する喜びや、相手と競い合う楽しさを味わおうとする。</u>			<u>柔道の礼法、特性、技の系統性など、基礎的な知識を身につけている。</u> 練習や試合のしかた、練習計画の立て方を知っている。
なか（16時間）	[ねらい①]（8時間）自分に合った技を使い自由練習を楽しむ	練習や試合では、仲間と協力して教え合おうとする。	<u>自分に合った技を選んでいる。</u> <u>自分の課題を設定し、練習方法を選択している。</u>	自分の技で攻撃したり、相手の技をかわしたり、いろいろな人と練習することができる。	技を効果的に掛ける方法や自他の安全を確保する方法を知っている。
	[ねらい②]（8時間）得意技を磨いて試合を楽しむ	<u>勝敗を受け入れ、礼儀作法を重視しようとする。</u> <u>審判の判定にしたがい、禁じ技を使わないなど自他の安全に留意しようとする。</u>	試合で、自分や相手の力に応じて、使える技や判定の基準などを選んでいる。	<u>得意技を仕掛けたり、相手の動きに応じた攻防ができる。</u>	試合の運営やルール、審判の方法を知っている。
まとめ（1時間）		総括			

※下線はとくに重視する観点

第2章
授業の実践編

1. 準備運動の指導のポイント

Q01 ▶ 生徒が楽しめる体ほぐしの運動にはどのようなものがありますか？

A：リズミカルなダンスのような運動をつくってみてはどうでしょう。

「体ほぐし」の運動は心と体への気づき、体の調子の調整、仲間との交流などをねらいとして行われる運動です。さまざまな運動が考えられますが、ここではいくつかの例をあげてみます。他にも、ストレッチや柔軟運動を2人組で行ったり、いくつかの技の動きを組み合わせて、授業の構成の中で準備運動と関連づけながら適宜行うとよいでしょう。

(1)地蔵倒し（図2-1）

倒れる人は体を硬直させ、前後あるいは左右に体を倒します。受け止める人は、最初、倒れる人の近くに立ち、徐々に間隔を広げていきます。

■図2-1 地蔵倒し

■図2-2 足跳び越し

■図2-3 バランス崩し

■図2-4 メリーゴーラウンド

(2)足跳び越し（図2-2）

　2人組になって手を組み、相手の振り上げる足の上を跳び越えます。

(3)バランス崩し（図2-3）

　2人または数人で、押したり手を引き合ったりしてバランスを崩し合います。

(4)メリーゴーラウンド（図2-4）

　2人組になって、一方が相手を抱えて大きく振り回します。

Q02　柔道の動きに効果のある補強運動には、どのようなものがありますか？

A：腕屈伸やスクワット、柔道独特の伝統的な「腰切り」「伏臥前進」「エビ」などいろいろあります。

　柔道は、全身の筋肉をまんべんなく使う種目なので補強運動としては、上肢、体幹、下肢の筋力をバランスよく強化することが大切です。また、頭部への傷害防止の観点から、とくに頸部の筋力の強化を図ることが重要です。

　柔道に直結する運動ということでは、とくに抑え込み技については一般的に行われている「寝技の補強」が有効ではないかと思われます。ただし、「寝技の補強」は抑え込み技の基本動作としても位置づけられている内容なので、授業の中では補強運動の面を強調するのではなく、あくまで技術練習との関連を重視すべきです。

■図2-5　体を開く

■図2-6 体を反らす　　　　　　　■図2-7 脇を締める

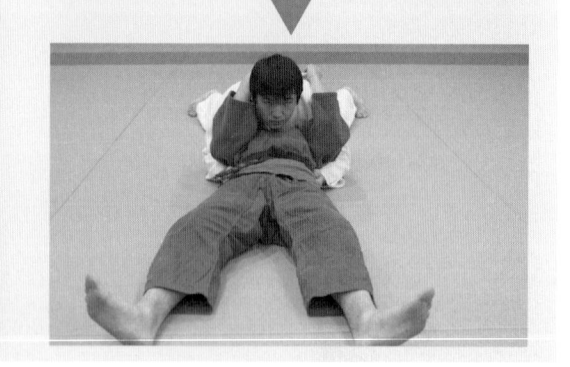

(1)抑え込み技
①体を開く（図2-5）
②体を反らす（図2-6）
③脇を締める（図2-7）
(2)投げ技
　投げ技では、相手をしっかりと支える力とバランス能力を高めるために、以下の①～③や片足ケンケン、また、投げ技の際の引き手、釣り手の使い方が理解できているなら④も効果が上がると思います。
①おんぶスクワット（図2-8）
②スクワットジャンプ（図2-9）
③忍者跳び（両脚でジャンプして体の向きを変える体さばきの練習、図2-10）
④ゴムチューブを利用したチューブ引き（図2-11、2-12）

■図2-8 おんぶスクワット　　　　　■図2-9 スクワットジャンプ

■図2-10 忍者跳び

■図2-11 チューブ引き（片手）　　　■図2-12 チューブ引き（両手）

第2章　授業の実践編

1．準備運動の指導のポイント

Q03 ▶ 準備運動では回転運動を行った方がいいのですか？

A：回転運動を行うことはたいへんよいことだと思います。

　柔道の基本は受け身だといわれますが、受け身の際には転がるという動作が不可欠になります。畳をたたくことだけが受け身ではありません。安全に転倒できる能力を高めることが重要です。また、技を掛ける際に頭が下がった状態になったり、相手に投げ飛ばされて宙に浮いた状態になることもよくあることです。こうしたときに、自分の状態を把握し、とっさに対応できる能力を高めることでさまざまな状況に安全に対処できるようになっていきます。

　実施にあたっては、生徒の実態に応じて種目を選ぶことが必要です。器械運動ではないので細かなフォームにこだわる必要はありません。歩きながら前転に移行させたり、首を横に傾けた状態で後転に挑戦させたりしながら、体を慣らしていくことが大切でしょう。

　柔道の準備運動としてよく行われる回転運動としては、前転、後転、開脚前転、開脚後転、後転倒立、倒立、倒立前転、側転、ロンダートなどがあります。

2. 礼法の指導のポイント

Q04 ▶ 道場の出入りのときに礼をするように指導していますが、生徒に「誰にしているのですか？」と聞かれました。どう答えたらいいのですか？

A：誰かに対してしているわけではありません。自分の気持ちを引き締め、道場に対する感謝の念を表す作法です。

　武道の練習では古くから「稽古」または「修行」という言葉を使います。これには、たんなるトレーニングというだけではなく、心身ともに自分自身を磨くという意味合いが含まれています。道場への出入りの際に正面に礼をする行為は、宗教的な意味合いとは別に、「道を学習する場所、自分自身を磨く神聖な場所」に対する敬意と感謝の気持ちを形に表したものです。したがって指導者としては生徒にその意味を十分に理解させるとともに、出入りの際の礼は必ず実践させる必要があります。

　授業の開始時や終了時の礼については、「こうしなければならない」というきまりはありませんが、ここでは「人に対する礼」についても正しく行うことが必要になってきます。「先生に対する礼」や「お互いの礼」がその例です。いずれの場合でも必要な場面での礼を正しく行えるということは大切ですが、

■図2-13　講道館の大道場

各学校の状況に応じて柔軟な対応も必要になってくるでしょう。日頃から礼法の意味を理解させるとともに実践させる指導は重要です。

Q05　道場の正面はどの位置に設定するのが正しいのですか？

A：学校の道場においてはこだわる必要はありません。

なぜなら、学校の道場は建設に際して、広さの面でも、形態においてもさまざまな制約を受け、必ずしも指導者のこだわりに応じたものになっていないからです。授業の形態、人数などの条件を考慮し、また使い勝手を考えて、いちばんよいと思う場所に設定すればよいのではないでしょうか。

大切なことは「どこに正面を設置するか」ではなく、その道場の中で礼法が適切に指導され、正しく行われているかだと思います。

Q06　何度いっても「礼」のできない生徒には、どのように対処したらいいですか？

A：2通りの方法があります。一つめは、形から指導して徐々にその意味を理解させる方法、二つめは、単元期間を通して根気強くわかるまで指導する方法です。

指導者は結果を早く求めがちです。しかし、周囲に比べ習得の遅い生徒にとってそれはよいことでしょうか。柔道の修行の過程では、「相手がいなければ自分自身の上達もなく、相手がいてこそ成長がある」という考えが基本にあり、相手に対する敬意、謙虚さ、感謝の気持ちを持つことが必要です。そのような

考えを具体的に態度、行動に現すことが「礼法」であることを理解させ、それによって、人間としての成長があることを理解させなければいけません。

しかし、授業で柔道を経験するまで、「礼法」に接する機会がほとんどなかった生徒もいるはずです。なかなか礼のできない生徒に対しては、最初から理屈だけで理解させようとせずに、年間を通じて「礼法」を習得することをねらいとしてもよいのではないでしょうか。授業の進む段階に応じて、また乱取りや試合の勝敗などを通して、より理解を深めさせ、根気強く指導し、徐々に「礼」ができるようにしていくというように、長い目で見るようにしましょう。

Q07 ▶ 正座の順序などのように、なぜ礼法は形にこだわるのですか？

A：自分を律し、相手を敬い、感謝の気持ちを具体的に態度や行動に現すのが礼法です。

そのために形式の美しさが求められるのは当然といえます。柔道には、「礼に始まり礼に終わる」という言葉があるように、礼は柔道の基本的な理念です。柔道の修行や授業を通して礼法をしっかりと身につけさせ、社会に出ても自然と礼の気持ちを態度や行動として現せるような人間に育つように配慮して指導していくことが必要です。

立礼と座礼のポイントを示すと、次の通りです。

① 立　礼……踵をつけ、爪先を開いた気をつけの姿勢から、上体を腰から約30度前傾させます。そのとき、体側につけていた両手は、上体の前傾に合わせて膝の上くらいまで滑らせていくと自然な美しい礼になるでしょう。

② 座　礼……正座の姿勢から前傾し、手を自然に前に下ろし、両手を「ハ」の字につき、背中と頭部が水平になる程度まで倒します。

どちらも3秒程度で元の姿勢に戻るくらいが適当でしょう。

また、座礼では「左座・右起」といって、正座をするときは左膝から畳につき、立ち上がるときは、右膝から立てるというきまりがあります。

3. 基本動作の指導のポイント

Q08 ▶ 「基本動作」とは何ですか？

A：柔道の練習を行う上で、必ず身につけていなければならない学習内容です。

3. 基本動作の指導のポイント

　基本動作の具体的内容は、姿勢と組み方、進退動作、崩しと体さばき、受け身などです。これらの内容が必ず必要である理由は2つあります。

　第一は安全のためです。柔道の技能は基本動作から始まり対人技能、試合へと発展していきます。その中で当然相手を投げる、または投げられるという内容も学習します。そのとき、受け身の習得が不十分なまま投げられれば怪我につながることはいうまでもないでしょう。さらに、相手の受け身の技能が不十分であると思えば、投げる側もそれなりの練習しかできなくなります。

　第二はすべての柔道の技能が基本動作の上に成り立っているからです。これは柔道に限ったことではなく、あらゆるスポーツ種目においていえることです。世界で活躍している日本の柔道選手たちもいきなり現在の技術を習得したわけではありません。初めはみんな受け身の練習から始めたのです。生徒にはそのような観点から基本動作の重要性を訴えていきましょう。

　ただし、授業の到達目標と指導内容、および授業時数との兼ね合いになりますが、生徒の興味・関心を高める上で、基本動作のみで授業が終わることがないように留意しなければいけません。限られた時数の中で基本動作と対人技能をどう配分するか、また、どのようにして基本動作と対人技能を関連づけて指導するかなどの工夫は、当然必要になってきます。これについては、第1章「3. 学習目標・学習内容のヒント」、「4. 指導計画・学習指導のヒント」、あるいは、『新しい柔道の授業づくり』（大修館書店）などを参考にしてください。

Q09 ▶ 受け身の練習で頭を打ったり、畳をうまくたたけない生徒がいます。どうすればいいですか？

A：畳をたたくことには、衝撃を吸収させるとともに、筋肉を適度に緊張させて関節を保護する意味もあります。

　頭を打たないように受け身をとるには、段階に沿って繰り返し練習することが大切です。頭を打ってしまう受け身として考えられるものに「後ろ受け身」があります。後ろ受け身は、大内刈りや大外刈りで後ろに投げられるときに必

■図2-14　仰向けの姿勢からの後ろ受け身

■図 2-15　長座の姿勢からの後ろ受け身

■図 2-16　中腰の姿勢からの後ろ受け身

■図 2-17　対人で行う中腰の姿勢からの後ろ受け身

■図 2-18　立位姿勢からの後ろ受け身

要になる受け身です。

　仰向けの姿勢で両腕と体の角度を30度くらいにして、肩の力を抜いて畳の上をはねるよう腕全体でたたきます。最初はゆるやかなたたき方で練習をし、慣れてきたら強くたたく練習をします。やわらかいマットを使って練習をしてもよいでしょう。

(1)練習方法
①仰向けの姿勢からの受け身（図2-14）
②長座の姿勢からの受け身（図2-15）
③中腰の姿勢からの受け身（図2-16）
④対人で行う中腰の姿勢からの受け身（図2-17）
⑤立位姿勢からの後ろ受け身（図2-18）

(2)ポイント
　顎を引き、最初から自分の帯の結び目を見て、結び目から目を離さないように後ろに転がります。慣れてきたら畳をたたくタイミングに合わせて顎を引いて、頭を打たないように繰り返し練習しましょう。

Q10　前回り受け身の到達目標はどこにおけばいいのですか？

A：立位姿勢から2～3歩移動し、回転して腕と両脚で受け身をとることができればよいでしょう。

　前回り受け身は体落とし、背負い投げ、大腰などの手技や腰技で投げられたときに必要となるため、受け身の集大成とも考えられています。後ろ受け身や横受け身と違い、ほとんどの場合、投げられるときに両足が畳から離れ、体が空中に浮いた後に畳に落下します。その際、体を丸くし、畳をたたくことによって、投げられた衝撃を分散、吸収させます。円運動を理想的に運動の実践に

■図2-19　前回り受け身

表現しているものといえます。

　授業時間数に余裕がある場合や初段をとる場合には受け身をとった後立ち上がり、自然本体になる動作までを到達目標にします。

Q11 ▶ 前受け身の指導は必要ですか？

A：たいへん重要な受け身の一つなので必ず指導しましょう。

　前受け身は背負い投げや払い腰などを掛けようとして前方につぶされたり、引き手が不十分で前方に倒れたりしたときに、顔面や胸・腹部を保護するための受け身です。相手に投げられたときの受け身とは違い、自分自身で倒れてとることが多いため、授業では省略されることがあるようですが、大切な技術の一つです。

(1)練習方法
①伏臥の姿勢で、前腕を「ハ」の字にして体を支える（図2-20）。
②両膝つきの姿勢から前方へ倒れ受け身をとる（図2-21）。
③中腰の姿勢から膝を伸ばして受け身をとる（図2-22）。
④立位の姿勢から受け身をとる（図2-23）。

(2)ポイント

　肘から落ちないように注意しながら、前腕部と手のひら全体を使って畳をとらえるようにします。腹筋と背筋を使って胸腹部を打たないように練習しましょう。

Q12 ▶ 前回り受け身では、どちらが右でどちらが左ですか？

A：実は確固たる定義はありません。

　しかし便宜上、右足を前に出して、右腕、右肩から回って左腕で受け身をとる形を「右の前回り受け身」というのが一般的です。これは、右手を引き手として引かれた場合、つまり右の技で投げられている場面を想定しているわけです。右の技で投げられれば「右受け身」、左の技で投げられれば「左受け身」という考え方です。

　ただし、一方で逆の考え方も成り立ちます。つまり、「右手（左手）で受け身をとるから右受け身（左受け身）」という考え方です。これも間違いということではありません。指導者が全体の指導を通じて一貫性のある指導を行っていれば、どちらの説明でも間違いではありません。

3．基本動作の指導のポイント

■図 2-20　前腕を「ハ」の字にして体を支える

■図 2-21　両膝つきの姿勢から前受け身をとる

■図 2-22　中腰の姿勢から前受け身をとる

■図 2-23　立位の姿勢から前受け身をとる

Q13 ▶ 投げられたとき、どちらの腕で受け身をとるのですか？

A：投げられたときの体の状態によって、受け身をとる腕は変わります。腕でたたかない受け身もあります。

相手との攻防の中で投げられた場合は、基本的に片腕での受け身になります。さまざまな投げ技に応じた受け身がとれるように十分な練習が必要です。通常の相四つ（右対右）の場合、右の技で投げられれば自分の右腕は相手の引き手として使われていますから当然左腕での受け身となります（Q12参照）。授業の中ではこのパターンが基本になるでしょう。しかし、授業の進度や生徒個々の能力に応じ、さまざまな投げ技を指導する必要性が出てくると思います。

以下に特殊な例として逆の腕で受け身をとる例を示します。
①右組みから襟を持った腕を引き手とした「膝車」（支え釣り込み足）を掛ける。
②右組みのまま「袖釣り込み腰」を掛ける（取が釣り手を離さない場合）。
③右組みから「左浮き腰」（左大腰）を掛ける。

安全に対する配慮から、これらはどちらも授業の中で行う「通常の受け身の形」とは違うことを十分に説明し、生徒に理解させた上で実施することが望ましいでしょう。

Q14 ▶ 組んだときの姿勢が悪く、力比べになってしまう生徒がいます。こうした場合、どのように指導すればいいのですか？

A：自然体を粘り強く指導してください。

柔道衣を握るときは、小指の方に力を入れ、親指は軽く握るようにします。こうすることによって、手首が自由に使えるようになります。とくに、釣り手の手首を自在に使えるようになることは、柔道の技能上達において重要です。技を掛けるときや相手の技を防御するときに力を出せるように、ふだんはやわらかく握ることを心がけます。

また、腕を伸ばすと、肩・腕に力が入り、どうしても力比べになりがちです。肘を曲げ、肩の力を抜いて動く練習から始め、徐々に乱取りや試合の指導に入りましょう。

(1)練習方法
①2人組になり、肘を必ず曲げて、技は掛けず、動きだけの練習をする。
②3人組（1人は2人の動きを指摘する）で、姿勢が悪かったり、組み手に力が入っていることを注意・指摘しながら練習をする。

(2)正しい姿勢
組んだときの正しい姿勢とよい釣り手の状態については、それぞれ図2-24

■図2-24　正しい姿勢　　■図2-25　よい釣り手の状態

および図2-25参照。

Q15 「相四つ」「けんか四つ」などといいますが、これはどういう組み手のことですか？

A：「相四つ」とは最も基本の組み方で、「けんか四つ」とは相四つと反対の組み方です。

　組み方の基本は、相手と向き合い、一方の手で相手の袖、他方の手で相手の襟を握ります。「相四つ」とはまさにその基本の組み方で、たとえば右組みの相手に対し自分も右組み（相手が左組みなら自分も左）の組み方をいいます（図2-26）。

　「けんか四つ」とは相四つと逆の組み方で、右組みの相手に対し自分は左の

■図2-26　相四つ　　■図2-27　けんか四つ

組み手（相手が左組みなら自分は右）の組み方をいいます（図 2-27）。

　組み方は相手の姿勢や体の大きさで変化し、自分の技の掛けやすい組み手になるようにお互いに争うことを「組み手争い」といい、これは勝負の結果につながる重要なポイントになります。ただし、練習の中で組み手争いに終始することは、「正しく組んで、積極的に攻める」という基本の考えに反するため、指導上留意する点であるといえます。

Q16 ▶ 進退動作とはどのようなものですか？

A：柔道におけるフットワークと考えていいでしょう。

　さまざまなスポーツ種目においてフットワークは大切な基本技術の一つです。つまり、進退動作は柔道の動きに必要な体の移動方法です。相手と組み合って移動する場合や技を掛ける場合など、すべての動きに進退動作が関わってきます。ただし、投げ技に入るときの動きには「体さばき」という表現がよく使われます。どちらも足の動きが重要になることはいうまでもありません。

　進退動作では「摺り足」が基本となります。これは畳から足の裏を離すことなく踵をやや浮かして移動する方法です。古くから「紙が1枚入る程度踵を浮かす」という難解な表現が使われてきましたが、これは踵に重心をかけないように動くと解釈するのが適当と思われます。摺り足の状態を維持しながら「歩み足」、「継ぎ足」での移動に移りましょう。この方法で前後・左右・斜めのあらゆる方向に動き回ってください。

　進退動作のねらいは自分の体を安定させながらすばやく移動することです。したがって、とくに横に移動しながら自分の足を交差する移動のしかたは避けるべきです。これは、足が交差するときに体が不安定な状態になり、相手に攻撃のチャンスを与えてしまうからです。

　前後、左右、斜めとあらゆる方向にすばやく移動することで、攻撃や防御に

■図 2-28　継ぎ足での移動のしかた

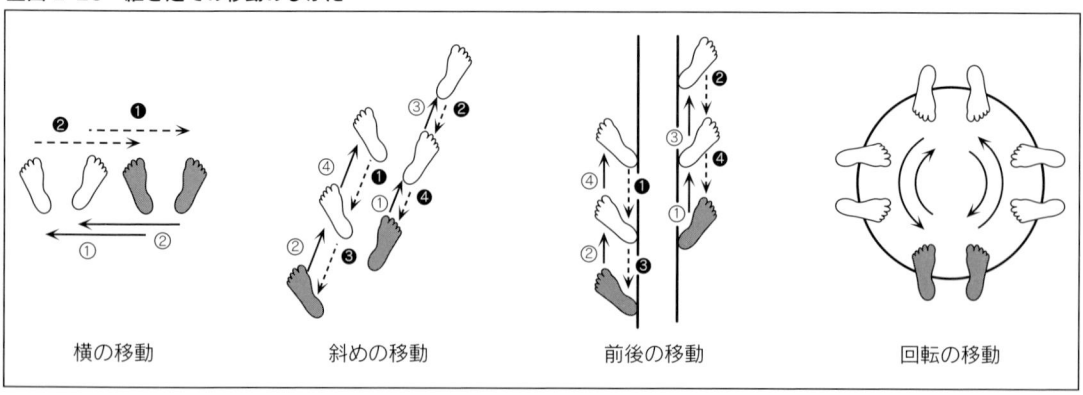

横の移動　　　斜めの移動　　　前後の移動　　　回転の移動

対応する体勢をつくるのが進退動作といえます。かかり練習、約束練習、さらには自由練習などあらゆる場面を通じて安定した進退動作を心がけましょう。そうすれば、スムーズですばやい動きができるようになるはずです。

Q17 ▶ 動きのぎこちない生徒の矯正にはどのような方法がありますか？

A：まず体の力を抜くことが第一です。

　進退動作の際に動きがぎこちなくなる原因は、速く動こうとするために下肢に力が入ってしまうことです。とくに膝に力が入ることは、全身に力が入る状態を誘発します。また、腕、肩に力が入ることも原因としてあげられます（矯正法についてはQ14参照）。

　進退動作は柔道の基本的な技術の中でもとくに重要なものですから、スムーズに行えるようにすることは柔道技術を向上させるために非常に重要です。スムーズな動きを導き出す練習方法には単独で行うものと、相対（あいたい）で行うものがあります。単独での練習が身についてから相対的な練習へと進むことが効果的でしょう。

　以下の①〜③を参考にしてください。

①何も制限を加えずにいろいろな方向へ走らせてみる。膝の曲げ伸ばしを加えてジャンプを入れてみてもよい。

②軽く畳をする音が聞こえる程度で、いろいろな方向に動かす。「摺り足」を意識させる必要があるが、意識しすぎると動きが不自然になるので注意が必要である。膝のバネを意識させると、膝の脱力につながる。

③「継ぎ足」を加えて前後、左右への移動につなげる。横の移動はバスケットボールのサイドステップを意識するとよい。さらに、単独で「前回りさばき」や「後ろ回りさばき」などを行わせる。

　これらの動きが形になってきたら、2人組になって同じことを繰り返してください。これが実践の場面に近い練習につながります。

　反復練習が重要であることはいうまでもありませんが、同時にスポーツではイメージトレーニングも大切な練習方法の一つです。どのようなスポーツも無駄のない自然な動きが身につくと"かっこよく"見えるものです。一流選手の動きを見せることで初心者に"かっこいい動き"をインプットさせることも必要かもしれません。

■図 2-29　体さばき

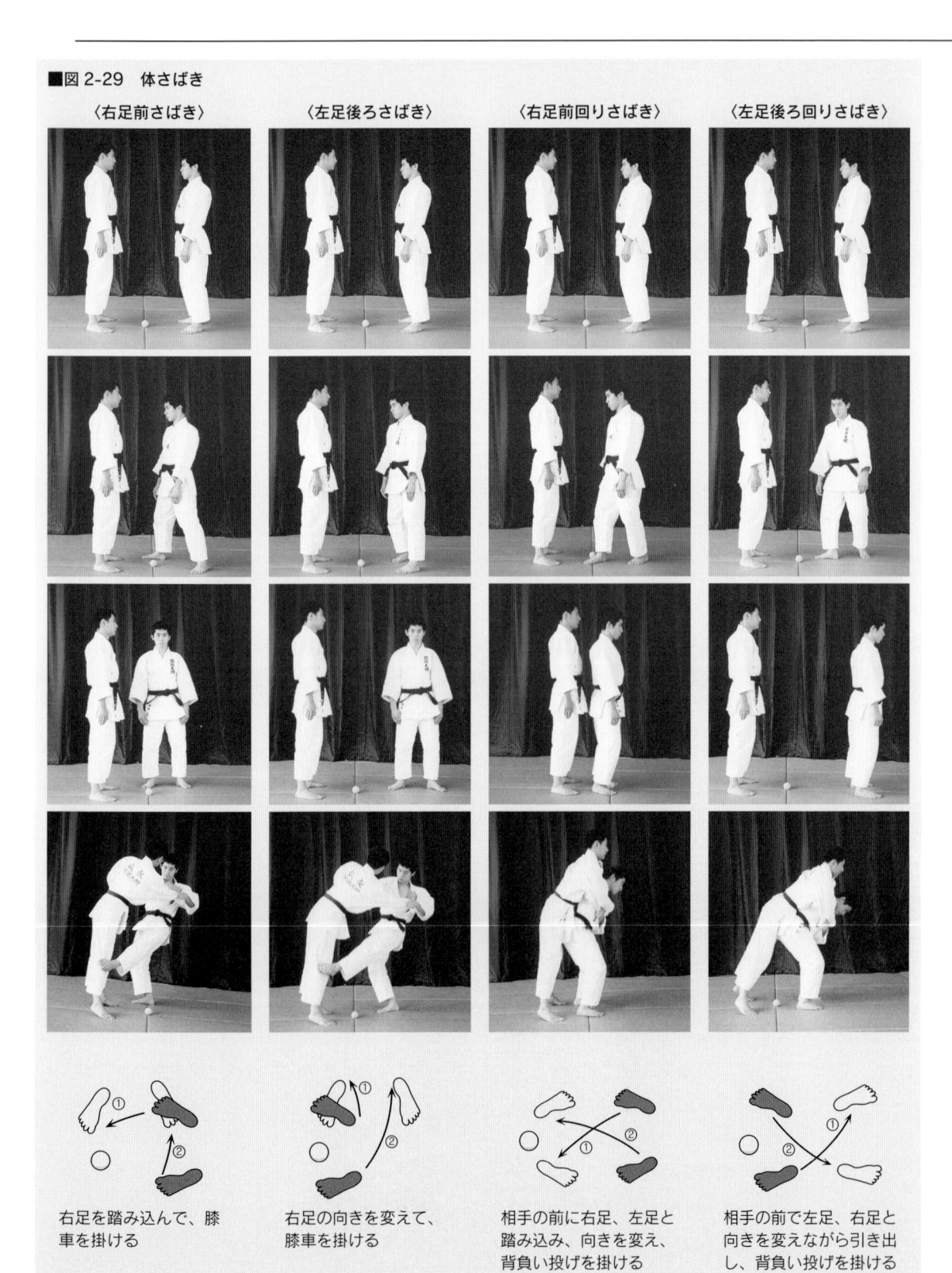

〈右足前さばき〉　　〈左足後ろさばき〉　　〈右足前回りさばき〉　　〈左足後ろ回りさばき〉

右足を踏み込んで、膝車を掛ける

右足の向きを変えて、膝車を掛ける

相手の前に右足、左足と踏み込み、向きを変え、背負い投げを掛ける

相手の前で左足、右足と向きを変えながら引き出し、背負い投げを掛ける

Q18 ▶ 「崩し」「作り」とはどのようなことですか？

A：相手を投げるために必要な大切な基本動作です。

相手を投げるには、投げる方向に相手の重心を移動させ、不安定な状態をつくることが必要です。これが「崩し」です。さらに、投げ技を掛ける際には、技を掛けるのに適した位置に自分の体をさばいていきます（「体さばき」、図2-29参照）。これが「作り」です。つまり、崩しと作りの結果として、相手を投げることができる状態にすることです。

■図 2-30　八方向への崩し

右後ろ隅　真後ろ　左後ろ隅
右横　　　　　　　左横
右前隅　真ん前　左前隅

崩しの方向は受を中心とした円周上に無数にありますが、通常は八方向に分けて練習します。相手が十分に崩れているかどうかは、手を離したときに相手が足を踏み出すことなく立っていられるかどうかでわかります。十分に崩したつもりでも、技を掛けずに手を離したときに相手が難なく立っていられるようならば、その崩しは不十分だったということになります。

崩し、作りのどちらが欠けても、きれいに一本取れる技にはなりません。崩し、作りはふだんの練習の中で意識しながら反復練習していくことが大切です。

Q19 ▶ 「引き手」と「釣り手」の違いは何ですか？

A：相手と組み合ったとき、袖を持つ方の手を「引き手」、襟を持つ方の手を「釣り手」といいます。

右組みであれば左手が「引き手」、右手が「釣り手」ということになります。どちらも有効に作用させなければ相手を崩す際に十分な効果が得られません。

■図 2-31　引き手の使い方

■図 2-32　釣り手の使い方
　　　　〈背負い投げ〉　　　　　　　　〈内　股〉　　　　　　　　〈大外刈り〉

■図 2-33　基本とは違う組み方
　　　　〈片襟での攻撃〉　　　〈背中をつかんだ組み方〉

掛ける技によってさまざまな使い方があります。

　たとえば、背負い投げなどのように相手を前に投げる技の場合、引き手は前に引くというよりもむしろ相手を浮かせ、背伸びをさせるイメージで斜め上方に引くと効果的です。その際、手の甲が自分の方向を向くように手首を返しながら引くと、相手を大きく崩すことができます。また、釣り手は前襟を持ったり、後ろ襟を持ったりと、引き手よりもさらに複雑です。

　おのおのを別々に練習する方法もありますが、先に述べたように両手を協働させ効率よく使うことで投げる前の段階である「崩し」が効果的に行えるようになります。その結果、切れのある技につながります。各技に応じた釣り手、引き手の使い方を十分に練習しましょう。

　上記の説明は授業を対象とした基本的な組み方を示したいわゆる「標準的な組み方」です。しかし、最近の国際大会を見ると、世界のトップレベルの選手は必ずしも基本に忠実な組み方をしているとは限りません。参考として、片襟での攻撃、背中をつかんだ組み方を示します（図2-33）が、授業ではあくまで基本を重視して指導することを優先してください。

Q20 「崩し」「作り」「掛け」「体さばき」の関連はどのようになっているのですか？

A：「体さばき」によって自分を作り、「崩し」によって相手を作り、技を掛け、投げると考えてください。

「崩し」「作り」「掛け」「体さばき」の4つは、それぞれ別々に機能するものではなく、相手を投げる際にこの4つがうまく絡むことで効果的な投げ技を生み出します。この流れは技術の程度が上がれば上がるほどスムーズでなおかつすばやく行われます。一流の選手の動きを見るとこれらがほぼ同時に行われているのがわかります。

「崩し」が十分にきいている技は、「掛け」の段階で無駄なエネルギーを使うことなくスムーズな投げにとつながります。これがいわゆる技の「切れ」を生み出すのです。

逆に十分な「崩し」の伴っていない技は、力まかせの強引な技になりがちです。ただし、どんな一流選手も最初は初心者です。初めはこれらの動作を個別にゆっくり行うところから始めるべきです。それぞれが一応の形になったところで、「崩し」から「作り」、「作り」から「掛け」というように関連づけて練習させるようにしましょう。

Q21 「崩し」を実感させるよい練習法はないですか？

A：「体ほぐし運動」の中で、「地蔵倒し」や「バランス崩し」を行うと効果的です。

崩しの練習では、とくに「受の協力」が大切です。受が崩される感覚に慣れ、取の動作にスムーズに対応できることが上達への近道です。「地蔵倒し」は受の感覚を養うのに有効な練習法です。この練習を繰り返し、受がじょうずに崩されることに慣れれば、取の崩す練習もスムーズに行えるようになるでしょう。逆に「バランス崩し」は「崩し」の動作に対し、自己のバランスを保つ練習として有効です（第2章「1．準備運動の指導のポイント」のQ1参照）。

崩しは受、取の両方の立場での練習が大切です。2人組で交互に練習することにより、取の立場では相手をどのように崩せば投げやすいかを理解するとともに、受の立場では協力のしかたを理解することに役立つでしょう。

「相手がいることで初めて練習が成り立つ」——柔道の練習を通じてこのことに気づけば、相手に対する尊敬の念や思いやりの心も自然と芽生えてくるはずです。そこに技術以外の柔道の練習の意義があるといえます。

4. 投げ技の指導のポイント

Q22　「打ち込み」とは何ですか？

A：技を繰り返し行うことで技の形や動きをつくっていくことをねらいとした練習方法です。かかり練習ともいいます。

「打ち込み」は、投げ技、固め技ともに初歩の段階から繰り返し練習する必要があります。「打ち込み」で技を磨くことなしに試合や乱取りで技が掛かるようになることはありえません。初歩の段階に行う基本的な「打ち込み」から進んだ段階で行う応用を加えた「打ち込み」までさまざまな種類の打ち込みがあります。

以下にその例を示しますので、技能の段階に応じて使い分け、練習に役立ててください。

(1)基本的な打ち込み

静止している相手に正確な動作で技を掛けます。大切なことは、「刈る技」は刈る、「払う技」は払う、「かつぐ技」はかつぐことです。

(2)移動打ち込み

この練習方法のもっとも大きなねらいは、「動きの中で技を掛けるタイミングをつかむ」ことです。相手を前に引き出しながらの背負い投げや内股など、あるいは後ろに追い込みながらの大外刈り、背負い投げなどの打ち込みがよく見られる方法です。

また、前後だけでなく横方向への移動を取り入れることも効果的です。「静→動」、「遅→速」などの練習の原則にのっとり、試してみてください。

(3)一人打ち込み

相手を置かずに自分ひとりで行う「打ち込み」です。この練習は技を掛ける際のイメージづくりに役立てることが大きなねらいですので、漠然と行うのではなく、あくまで相手がいることを想定して「崩し」「作り」「掛け」をていねいに、正確に行う必要があります。ボクシングの「シャドーボクシング」に相当するものと考えてよいでしょう。

(4)片手打ち込み

「引き手」あるいは「釣り手」の使い方に焦点を当て、片手だけで相手の柔道衣をつかんで行う打ち込みです。「引き手」や「釣り手」の動きを意識的に強調することで、ふだん見落としがちな細かい動きに気づかせることをねらって行います。

⑸三人打ち込み

　受の帯を抑えるなどして3人目の人が負荷を与えます。それにより取が全力で技を掛けても投げられない状態をつくります。つまり、この練習では、全力でぶつかることにより、「一本取れる技を身につける」ことをねらいとします。1回ごとに全力で技を掛けなければ効果は期待できません。集中して力を発揮させるために、少ない本数を設定すると効果的だと思います。授業の中では、5〜10本を1セットとして1〜2セット行う程度で十分ではないでしょうか。

⑹スピード打ち込み

　柔道の技にはスピードが不可欠です。そのスピードの向上に焦点を絞って行う練習が、「スピード打ち込み」です。あらかじめ決めた時間内で一定の本数の打ち込みが行えるように、全力のスピードで技を掛けていきます。授業では10秒間で10本くらいが適度な設定ではないかと思われます。

　技能のレベルが進んだら、30秒で30本というように設定条件を高くしていくことも効果的です。この練習では、スピードを意識するあまり、技の形が崩れてしまわないように注意しましょう。

Q23　投げ技で陥りやすい欠点とその矯正法を教えてください。

A：以下に、各技ごとに陥りやすい欠点と矯正法を示しますので参考にしてください。

　投げ技では初心者が陥りやすい欠点が多くそれらを事前に整理し、矯正法を準備しておくことは重要なことです。各技ごとの陥りやすい欠点と矯正法とともに、受の注意点も示しますので、あわせて指導するとよいでしょう。

❶体落とし

　体落としは、まず右足を軽く踏み込みながら、受を前隅に浮かすように崩し、崩しを保ったまま、左足を回し込み、受が崩れて右足を出した瞬間、右足を前へ踏み出し、右膝を伸ばし、両手をきかせて前方に引き落とすという技です。

⑴陥りやすい欠点と矯正法

①上体が左に傾きすぎる（図2-34 ①）

　体重を右足にかかるようにさせ、右肘を曲げて押させるようにする。また、右足先を内側に向けさせることも必要である。

②右肘が上がる（図2-34 ②）

　肘を手首より上に上げないようにさせて、脇を軽く締めさせる。また、右肘を相手の左脇に当てさせるのも有効な矯正法である。

③相手を腰に乗せてしまう（図2-34 ③）

　右手の押しを強くさせ、受をやや半身にさせる。重心を左足に6割、右足

■図2-34　体落としで陥りやすい欠点
〈上体が左に傾きすぎる〉　〈右肘が上がる〉　〈相手を腰に乗せる〉　〈相手に寄りかかる〉

に4割かける。
④相手に寄りかかる（図2-34④）
　　引き手を十分に引かせ、受を右前隅へ崩しながら技を掛けることを強調する。
(2)受の注意点
①取が投げにくくならないように、受は目線を前方に保って体がねじれないようにする。
②取の体さばきを容易にするために、受は取の腰に密着しないよう、姿勢を保つ。
③取の引き出しを補助するために、受は右脇をあけるようにする。
④取の踏み出した右足につまずくよう、受は右足に重心を移し、これを軸に回転する。

❷背負い投げ

　背負い投げは、まず、両手で受を前に浮かせるように崩しながら、右足前回りさばきで受を背中全体に担ぎ、両脚を伸ばすと同時に、上体をひねりながら両手の引きつけをきかせて前方に投げるという技です。
(1)陥りやすい欠点と矯正法
①左足を回し込めず、十分に担げない（図2-35①）
　体さばきを修得できていないことが考えられる。畳の線を利用するなどして、単独での練習を十分に行わせる。2人組で行う際には、受の右脇があくように崩してから、体さばきを行わせる。
②姿勢が前かがみになる（図2-35②）
　技に入ったとき、頭を起こし、正面を見るようにする。受を前上方に浮かせるように崩してから、体さばきを行わせる。

■図2-35　背負い投げで陥りやすい欠点
〈十分に担げない〉　〈前かがみになる〉　〈両膝を畳についてしまう〉
〈右肘が入らない〉　〈腰が「くの字」に曲がる〉

③両膝を畳についてしまう（図2-35③）

　　受が頭部を畳に打ちつけ、脳震盪や頸椎損傷などの重大な事故になりかねないことを理解させる。中学生以下の試合では、両膝を畳につけて技を施すことは禁じられている。

④右肘が受の右脇に入らない（図2-35④）

　　受の右脇があくように引き手を大きく引き上げ、右肘を相手の右脇にぶつけるように突っ込む。

⑤腰が「くの字」に曲がり、相手が左側にすっぽ抜ける（図2-35⑤）

　　原因は、腰を深く入れすぎることにある。受の真正面に体を回すようにさせ、おんぶができるような位置に入らせる。

(2)受の注意点

①取の右肘を入れやすくするために、受は右脇を大きくあけるようにする。また、左手は、初め袖を握り、取が肘を入れる際には離すようにする。

②取の背中に密着するように、受は上体を起こしておく。
③取の体さばきを容易にするため、受は足を広めに構え、爪先立って取の背中に乗っていくようにする。

❸大　　腰

　大腰は、まず両手で受を前に崩しながら右足を受の右足内側に踏み込んで前回りさばきを行い、そして右腕を受の左脇下から差し入れ、腰をたたくように抱き寄せて自分の腰に乗せ、膝のバネと両手をきかせて前方に投げる技です。

(1)陥りやすい欠点と矯正法

①相手に寄りかかってしまう（図2-36①）
　受を真ん前に崩した状態から技を施させ、膝や足首を前方に適度に曲げさせるようにする。

②引き手が不十分（図2-36②）

■図2-36　大腰で陥りやすい欠点
〈相手に寄りかかる〉　〈引き手が不十分〉　〈引き手の手首と肘が水平になるようにする〉
〈足の幅が狭すぎる〉　〈腰が深く入りすぎる〉　〈相手を腰に乗せられない〉

左手の手首を返させ、左肘がほぼ水平になるように引かせる（図2-36③）。
③足の幅が狭すぎる（図2-36④）
　足幅は肩幅程度を保たせ、組まずに右足前回りさばきの練習をさせる。
④腰が深く入りすぎる（図2-36⑤）
　自分の腰が相手の腰と重なるようにする。足の位置、腰の位置に注意させ、組まずに右足前回りさばきの練習をさせる。
⑤相手を十分に腰に乗せられない（図2-36⑥）
　原因は腰の位置が浅すぎることにある。釣り手を使わずに引き手だけでかかり練習をさせ、腰の入れ方を深くする。右膝を十分に曲げて体さばきをする。
(2)受の注意点
①取が前傾しすぎないように、受は上体を起こしておく。
②取が投げやすい姿勢を保つために、受は目線を前方に保つ。
③取の引き手による引き出しを補助するために、受は右脇をあける。
④取の前回りさばきを容易にするために、受は足を自然体よりも広めに構え、取の腰に乗るように爪先立つ。
⑤取の体さばきをスムーズにするために、受の左手は、初め取の袖を握り、取が脇に手を差してきたら離して左腰に置く。
⑥取の体がねじれてバランスが崩れないよう、持ち上げられても受は足を開いておく。

❹払い腰

　払い腰は、右足前回りさばきで受を右前隅に釣るように崩し、左足を回し込み、さらに崩しながら前に出てくる受の右脚を前方からすり上げるように払って投げる技です。

(1)陥りやすい欠点と矯正法
①釣り手の手首が曲がってしまう（図2-37①）、釣り手が背負い投げのようになる（図2-37②）
　手首の親指側を自分の顔の方へ起こしつつ、釣り込むようにさせる。釣り手の肘を相手の左脇に入れることがポイント。
②払い上げる脚が空を切る（図2-37③）
　原因は軸足の位置が深すぎることにある。正しい軸足の方向と位置を示唆し、単独でまたは相対で練習させるようにする。爪先が畳をするように払う。
③頭から突っ込んでしまう（図2-37④）
　上体を密着することを体得させるために、取は右手を受の左脇下から差し入れ、その肩甲骨あたりに手のひらを当てて、技を施すようにさせるとよい。
(2)受の注意点
①取が右胸を密着させやすくするために、受は取の右胸に乗っていく。
②取が脚を払いやすいように、受は右足を前に出し、右膝を伸ばし、両踵を浮

■図 2-37　払い腰で陥りやすい欠点
①〈釣り手の手首が曲がる〉　②〈釣り手が背負い投げのようになる〉　③〈脚が空を切る〉　④〈頭から突っ込んでしまう〉

かせる。
③取の引き手による引き出しを補助するために、受は右脇をあける。

❺大外刈り

大外刈りは、まず、右手を釣り、左手を自分の胸の前に引くようにして、受を後ろに崩しながら、左足を受の右足横に踏み込み、右脚を振り上げ、重心のかかった受の右脚を全身の力で刈り上げて投げるという技です。

(1)陥りやすい欠点と矯正法
①左足の踏み込みが浅い（図 2-38 ①）
　　左足は受の真横に踏み込ませるようにする。畳の線などを利用して十分に意識させるようにする。
②踏み込んでも重心が後ろに残っている（図 2-38 ②）
　　腰を伸ばし、胸を張らせ、姿勢を正すようにする。
③上体を伸ばしたまま刈っている（図 2-38 ③）
　　顎を引かせ、刈り足と上体が連動するように意識させる。
④左足の踏み込みが深い（図 2-38 ④）
　　深すぎると技を返されるので、左足は受の真横に踏み込ませる。
⑤釣り手が伸びている（図 2-38 ⑤）
　　右肘を曲げ、右の手のひらで相手の頭部を自分の頭部に引きつけ、お互いの右上体を密着させる。
⑥相手に寄りかかったまま刈っている（図 2-38 ⑥）
　　左手を自分の胸の前に引きつけ、受の右足に体重をかけさせる。

(2)受の注意点
①技に入りやすくするために、受は腕を突っ張ったり、取の袖を離したりしな

■図2-38　大外刈りで陥りやすい欠点

①〈左足の踏み込みが浅い〉　②〈重心が後ろに残っている〉　③〈上体が伸びている〉
④〈左足の踏み込みが深い〉　⑤〈釣り手が伸びている〉　⑥〈相手に寄りかかっている〉

い。

②取が上体を密着させやすくするために、受は腰を引いたりせず、ゆったり構える。

③取の軸足の踏み込みを容易にするため、受は足幅をやや狭くして自然本体で構える。

④取の崩す方向性を補助するために、受は取の踏み込みに応じて、斜め後方に体を傾ける。

⑤取の崩しと引きつけを補助するために、受は自ら取に体を合わせる。

❻大内刈り

大内刈りは、右足、左足の順に受の胸部につくように近づき、爪先を伸ばしながら右足裏を垂直に立てて、半円を描くように重心のかかった受の左脚を刈り倒す技です。その際、軸足は、受の右足の方に向けます。また、腕の使い方

■図2-39 大内刈りで陥りやすい欠点
〈刈る位置が高い〉　〈足首が曲がっている〉　〈腰が引けている〉

は、両脇を締め、相手を固定させます。そのとき、受の胸に自分の胸がつくようにします。

(1)陥りやすい欠点と矯正法

①刈る位置が高い（図2-39①）
　爪先を畳から離さないようにして刈らせる。
②刈り足の足首が曲がっている（図2-39②）
　足裏を天井に向けるように意識させる。
③腰が引けて踏み込みが浅い（図2-39③）
　左膝を曲げ、胸を受の胸部に密着させる。

(2)受の注意点

①取の釣り手が突っ張らないように、受は軽く脇を締める。この受け方は、取の引き手が上がらないようにする意味もある。
②お互いの上体が密着しやすいように、受は上体を伸ばし、腰を引かない。
③取の体さばきをしやすくするために、受は足幅をやや広くする。
④取が正しい方向に刈れるように、受は爪先の方向に足を広げていく。

❼送り足払い

　送り足払いは、右手で受を右上に釣り、左手で受の右肘を押し上げ、受が背伸びをするように崩し、受の重心が左足から右足にかかる瞬間、左足裏を受の足首付近に当て、両足が一直線にそろうように送り払う技です。とくに足の内側で払ってしまうとキックのようになり、受が痛みを感じるだけになってしまいます。類似する技として、「出足払い」がありますが、こちらは前方向へ崩す技で、出てきた右足に重心が乗ろうとした瞬間に払い投げる技になります。

■図2-40　送り足払いで陥りやすい欠点と矯正法

〈蹴りになる〉　〈腰が引けている〉

① ②

〈取のジャンプに合わせて足首付近を払う〉　〈横に移動し3歩目で払う〉

③ ④ ⑤ ⑥

(1)陥りやすい欠点と矯正法
①蹴りになってしまう（図2-40①）
　払う足の小指が畳をするようにさせ、足裏で当てるようにさせることで正しい足の当て方を理解させる。
②腰が引けて足だけの動作になる（図2-40②）
　軸足の踏み込みを大きくさせ、大きな動作で払わせる。単独でほうきを逆さに持って払う練習をさせるとよい。
③タイミングがとれない
　タイミングをつかむ練習として、まず受が中腰の姿勢からジャンプし、取は足首付近を払う（図2-40③④）。次に、両者とも立ち姿勢から行う際には、取・受ともに横へ移動しながら3歩目で払う動作をする（図2-40⑤⑥）。このとき、サイドステップのようにリズムよく移動すると、タイミングがつかみやすい。

(2)受の注意点
①取が払いやすい姿勢をつくるために、受は胸を反らせる。
②取の引き手を促すために、受は右肘を自分の胸の前に絞り込む。
③体重が乗ろうとする瞬間を払わせるために、受は踵を浮かし気味にし、爪先が軽く畳に触れるようにする

❽内　　　股

　内股は、右足前回りさばきで、受を前、または右前隅に釣るように崩します。そして、左軸足を受の重心の下に置くと同時に、受の左内腿付近を右脚大腿部の後ろで勢いよく跳ね上げて投げる技です。とにかく、手と脚のコンビネーションが内股のカギを握ります。

　技の原理を理解させるために、初歩の段階で2人組で行う練習を以下に紹介します。

　まず、体さばきの練習として、受の両肩に両手を置き、バランスを保ちながら、右足、左足と体さばきをし、さらに右脚を振り上げます。これは、壁などを利用すればひとりでも練習はできます。また、手と脚のコンビネーションを練習する方法として、受は右膝を畳につき、左膝を立てて開いた状態になり、取は右足前回りさばきで受を前に崩しながら、右脚で受の大腿部を跳ね上げます。

(1)陥りやすい欠点と矯正法
①引き手が不十分で、頭が下がってしまう（図2-41）
　頭が下がることは、そのまま畳に突っ込んで頸椎を傷める危険性があり、最も危険な状態であることを十分理解させる必要がある。お互いの頭の間隔をあけないようにさせる。また、右の釣り手を自分の耳に当てるようなつもりで引かせるようにする。
②崩しが不十分で、右脚を上げても相手を投げることができない

■図2-41　内股で陥りやすい欠点
　　　　　〈頭が下がる〉

右手を受の左脇下から入れ、背中を引きつけさせ、右胸が受の胸に密着する感覚をつかむ練習をさせる。釣り手だけの崩しで受を跳ね上げる練習も効果的である。

(2)受の注意点

①跳ね上げ姿勢を容易にするために、受は上体をやや前傾させる。

②体さばき、脚の払い上げを容易にさせるために、受は両足を左右に大きく開く。

③取の引き出しを補助するために、受は右脇を大きくあける。

❾巴投げ

　巴投げは、受を手前に引きながら強く下に落とし、その反動で受が伸び上がろうとするときに両手を使い、さらに前に浮かすようにして崩します。その瞬間、受の両足の間に左足を踏み込み、殿部をその踵の近くに下ろしつつ体を捨て、右足裏を受の下腹部に当て、バンザイするようにきかせながら、右脚を伸ばして頭越しに投げる技です。

■図2-42　巴投げで陥りやすい欠点

〈受の真下に入れない〉

〈左足の踏ん張りがきかない〉

〈横に倒れてしまう〉

(1)陥りやすい欠点と矯正法
①受の真下に入れない（図2-42①）
　左足踵に殿部をつけ、手をバンザイのように崩すことを意識させる。また、受は両足の間隔を広げるようにする。
②左足の踏ん張りがきかない（図2-42②）
　投げるときに、腰を畳から浮かせるつもりで行わせる。
③横に倒れてしまう（図2-42③）
　両手を「つ」の字型にして、頭上に引かせる。さらに、布団を頭からかぶるつもりで引き出させ、右膝は右に開かないように注意する。
(2)受の注意点
①取が右足を入れやすくするために、受は少し前かがみになる。
②取が左足を入れやすくするために、受は両足を肩幅よりやや広く開く。
③取が投げやすくするために、受は右自然体となり、爪先立ちになる。
④体が丸くなるように、顎を引いておく。

Q24　腕を突っ張り合って技が出ない生徒には、どのような指導が有効ですか？

A：その状態を続けさせ、その姿勢が意味のないことを実感させてください。

　初心者の場合、投げられることに対する恐怖心が、必要以上に防御の体勢をとることにつながります（図2-43）。また、お互いに押し合いに終始してしまう場合もあるでしょう。このような状態では正しい技の理解はもとより、柔道の醍醐味である投げ技を掛け合うことができません。やわらかく組み合い、自由に技を掛け合うことができるようにするためには、投げられる恐怖心を和らげることが必要です。できれば、マットなどを利用し約束練習を十分に行い、投げられることに慣れてくれば、腰を引いて逃げるような形はとらなくなるでしょう。

■図2-43　悪い組み方の例　　　　　■図2-44　正しい組み方と姿勢

また、腕を突っ張ることに、相手の技を防ぐ効果はあまりないことを説明し、逆に自分の動きを相手に直接伝えてしまうことになることも理解させるべきでしょう。腕を一本の棒のようにしていると、それが外れたときには一気に相手との間合いが詰まってしまいます。さらに、腕を伸ばした状態で相手を押していけば、その力を利用されやすくなり、より投げられやすくなってしまいます。腕を通して自分の動きが相手に伝わってしまうため、技を防がれてしまうことにもなります。

　そこで、相手と組み合うときの指示として、右手の人差し指で相手の左前襟を引っかけるようにします（図2-44）。そのためには、手首を返し、肘を軽く曲げることが必要になってきます。肘を曲げていても、両脇が締まっていれば、相手の技に崩されることもなく、防御の面でも安定した形になります。たとえば、両脇にいつも紙を挟んでいるつもりで組み合うように指示すれば、腕を突っ張らなくなり、動きもスムーズになります。このような組み方で積極的に技を掛ける練習をさせましょう。

Q25 右組みで統一していますが、左利きの生徒もいます。どうしたらいいのですか？

A：初心者を対象とした授業では、右利き、左利きにかかわらず、組み方は統一する必要があります。

　部活動や一流選手の中には、左組み手を得意とする選手が多いのは事実ですが、相手の多様な投げ技に対応できる受け身の技術がない場合は、安全性という点から見て、組み方をそろえた方がよいでしょう。また、柔道の組み方は、利き手に大きく影響されることはありません。初歩的な段階ならば、技の説明や理解の上からも統一すべきでしょう。

　授業を進めていく中で、右組みから逆方向へ仕掛ける技（例：右手を引き手とする逆の膝車）を掛ける生徒が出てきます。その場合、受け身は右手で畳をたたくことになりますが、安全性を考えるとそうしたことはやめさせるべきでしょう。

　授業時数が豊富にある場合は、左技への対応も考えるべきで、その際は全員左組みで投げ技の練習を行い、右手で畳をたたく受け身に慣れさせることが重要です。右組みと左組みで自由練習を行うことで、十分な崩しが得られずに肩から落ちてしまうケースや組み手争いに終始してしまい、技の理合いや投げ技の楽しさが理解されにくいことも考えられます。

　以上のことから、左技への対応を考慮に入れつつ、授業では、約束練習でも自由練習でも、同一の組み方で行うのが妥当でしょう。生徒の中に、左組みで競技を行うようなレベルの選手がいる場合も、右組みで練習をさせて全体の安全性を重視すべきでしょう。

Q26 ▶ 組み手争いばかりする生徒がいます。どのように指導したらいいのですか？

A：まず、柔道の基本として、しっかりと組み合い、技を掛け合うことの大切さを教えます。

　テレビで放映される試合は、勝利を第一に目指す競技としての柔道であるため、いかに有利に試合を展開するかが重要となり、組み手争いの場面がよく見られます。しかし、相手に組ませなかったり、自分から組まなかったりすることは、禁止行為になっており、ルール上でも反則のポイント（指導）が相手選手に与えられます。とくに、授業では、互いの技がよく掛かり、受け身が十分にとれる条件を整えるために、しっかりと組み合うことが重要です。

　組み手争いをなくすためには、自由練習や試合を正しく組んだ状態（互いに襟、袖を持った状態）から始めるなど、ルールを工夫することも大切です。しっかりと組んできれいに投げることが柔道の醍醐味であり、それを体験することが柔道の楽しさを学ぶことにもつながるでしょう。

5. 固め技の指導のポイント

Q27 ▶ 絞め技、関節技の危険性を考えると、授業ではやらない方がいいのですか？

A：「参った」をする潔さを指導するためにも、また、瞬間で決まる技の醍醐味を味わわせ、生徒の興味・関心を高めるためにも、絞め技や関節技は、安全への配慮を徹底した上でぜひ授業で取り上げたいものの一つといえます。

　絞め技も関節技も、多彩な攻め方があり、体が小さく、力のあまり強くない者でも大きな相手を一瞬のうちに制することができる技術です。また、昨今の格闘技ブームの中で鮮やかに勝ちを取ることができることで、人気や知名度の高い技があることも事実です。

　現在では、固め技29種類のうち、絞め技12種類、関節技10種類と数の上では、抑え込み技よりも多くの技が認められています。しかし、技の特性から、講道館柔道試合審判規定の中の「少年規定」では、関節技を用いること、および絞め技のうち、三角絞めを用いることを禁止しています。さらに、小学生以下では、絞め技全般を禁止しています。

　そこで、初歩的段階においては慎重かつ安全に練習ができるよう、指導者の

工夫や配慮が必要となります。絞め技を安全に練習するために、受が気を失ってしまっても転倒しないように、座位もしくは寝姿勢で行うようにしましょう。また、指導者の目が十分に届く場所に位置をとらせ、万が一のときに指導者が対応しやすいように、できれば一斉練習ではなく、グループ別に少人数で行わせるべきでしょう。

頭部を守るためにも力ずくではなく、手首の返しで技の効果が得られるようにしたいものです。さらに、受は苦しくなったら潔く「参った」と発声するか、手または足で相手の体もしくは畳を二度以上たたいて合図をし、その際、取はすばやく技を解く、という指導は絶対に必要です。

関節技については、さらに慎重に少しずつ力を入れていくこと、自分の体勢を崩しながら掛けないことを十分に指導しておきましょう。

絞め技も関節技も、その効果が技を掛けている側には察知しにくいところがあり、とくに体の大きな者が、小さな相手に技を施す場合には注意が求められます。「相手は必ず参ったをする」という前提に立って、「相手の参ったを予測しながら」技を施すことが重要です。

Q28 ▶ 生徒が楽しめる練習方法にはどのようなものがありますか？

A：ゲーム形式の練習方法を取り入れてみましょう。

抑え込み技は、体をぶつけ合いながら全力で相手を制する、あるいは遊ぶという人間の本能的な動きであるために、生徒は喜んで活動します。

固め技のうち、とくに抑え込み技は、初心者でも技術の獲得が着実に行われ、安全に自由練習ができるため、柔道の興味づけには大いに活用すべきです。そこで、初歩的な段階の生徒が安全に楽しんで行える練習内容をあげてみましょう。

(1) 20秒抑え込み

受と取をジャンケンで決め、負けた方が先に受として仰向けに寝ます。取は、事前に学んだ抑え込み技で確実に抑え込みます（技を指定してもよいでしょう）。その際、受は抵抗しないようにし、指導者の合図で受は逃げ始めます。おおよそ20秒くらいで「それまで」の合図を出してください。その時点で相手を返すか、両脚で取の脚を挟み込んでいれば「解けた」状態ですから受の勝ちとなります。抑え込みの状態が継続していれば取の勝ちとします。

受と取を交代して1セットとします。さらに、相手を交代して行い、最終的に勝ち越しか負け越しか競い合わせるのもよいでしょう。

(2) 抑え込みトーナメント

時間は20秒から30秒とします。受・取はジャンケンで決めます。方法は上記(1)と同じです。トーナメント戦なので、シード選手を決めるなどして、ベ

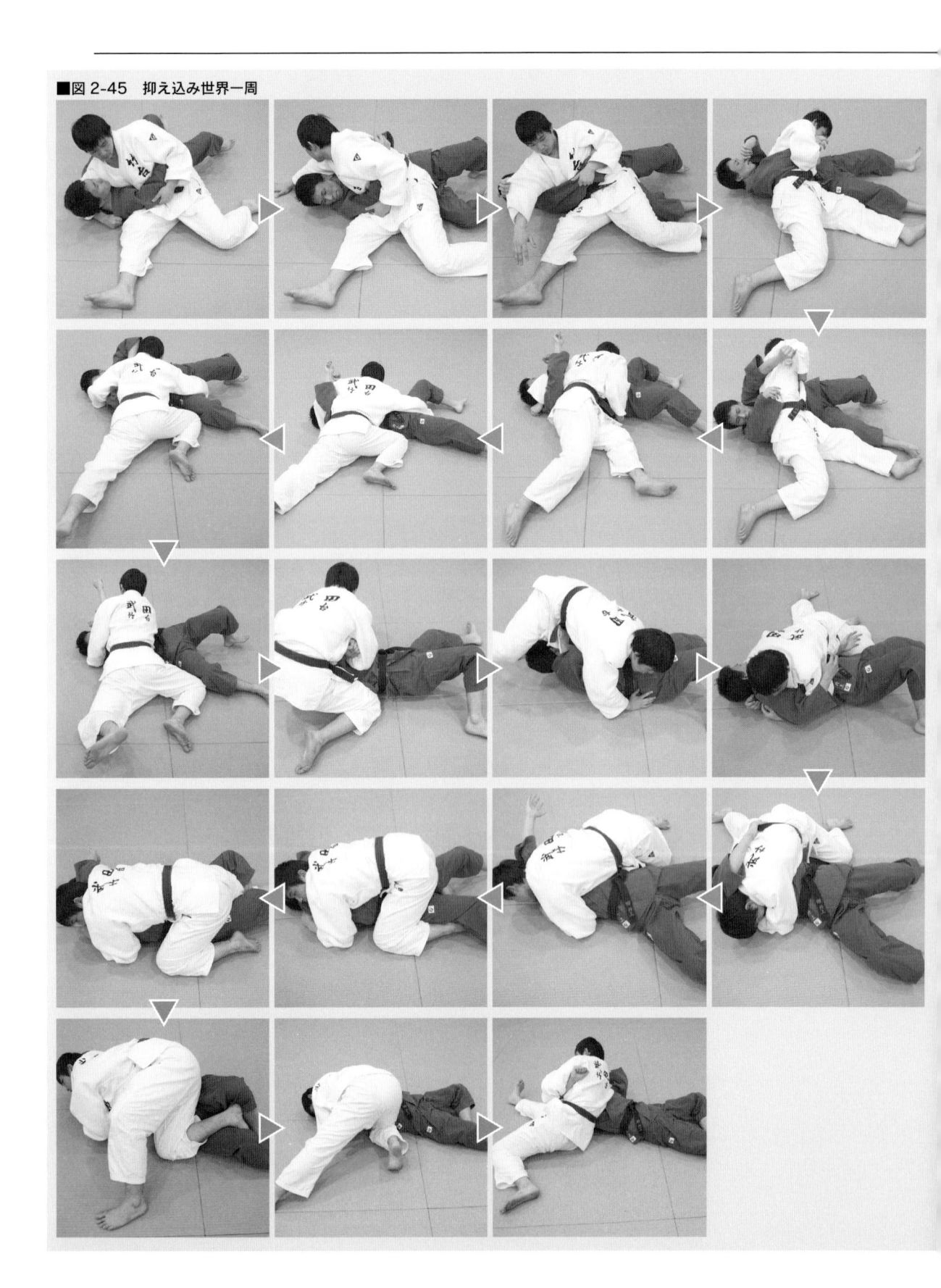

■図2-45　抑え込み世界一周

スト8が出揃うように競わせるとよいでしょう。
(3)オリジナルの技の開発

抑え込み技の条件は、①相手をだいたい仰向けにすること、②自分は相手の上でおおむね向かい合った形になっていること、③相手から束縛を受けていないこと（胴や脚に相手の脚がからんでいないこと）をあげ、相手が起き上がることができないようにすることを目指して、独自の抑え込み技を考えさせます。

(4)抑え込み世界一周

抑え込み技6種類を用いた抑え込み技の連絡・変化です。図2-45では、けさ固め→崩れけさ固め（後ろけさ固め）→横四方固め→上四方固め→縦四方固め→肩固めと連絡し、再びけさ固めに戻っています。

回数を重ねれば、この動きの中で正しい抑え方、逃げ方が獲得できます。それぞれの抑え方、逃げ方のポイントをしっかりとらえているかどうかを確認しながら行いましょう。技能評価の材料にすることも可能です。

Q29 ▶ 絞め技で気を失った生徒への対処法を教えてください。

A：あわてる必要はありません。軽度の「落ち」であれば、そのままでも短時間で覚醒しますが、深い「落ち」の場合は「活法」が必要になります。

さまざまな研究により、柔道の絞め技による「落ち」は一過性の機能障害によるものであり、生命に直接の影響はないとされています。ただし、「落ち」の状態が長時間にわたって継続すると、脳の局所的機能障害が後遺症として残る危険性はあるので、「落ち」に至った場合はすみやかに技を解き、蘇生の手段を施さなければなりません。

絞め技は、腕や脚を用いて相手の頸部や体幹部を圧迫する技法です。現在では、絞め技のうち、胴絞めは内臓への影響を考慮して禁じられています。よって、絞め技は頸部へのものとなりますが、これも大きく2種類に分けられます。一つは、頸動脈圧迫であり、もう一つは気管の圧迫です。このうち、頸動脈を圧迫したときに起こるのが意識消失、いわゆる「落ち」です。

「落ち」のときに施される柔道独特の蘇生法が「活法」です。これによって、胸部または腹部に圧を加えて胸郭、横隔膜の呼吸運動を促し、停止している呼吸を再開させます。

代表的な活法は以下の通りです。

(1)誘活（図2-46）

気を失った者の背後から自分の膝をその背骨に当てて支え、両手のひらを胸部に密着させ、後ろ斜め上方に一気に圧して呼気を促す。

(2)襟活

右側から左腕で相手を抱き、右手のひらを腹部に当て、後ろ斜め上方に圧し

て呼気を促す。
(3)総活（図2-47）

相手を仰向けまたはうつぶせにさせ、その上に馬乗りとなり、両手のひらで胸腔を圧する。

(4)睾丸活

背後から、両腕を相手の両脇下から差し入れ、抱き上げては落とす動作を繰り返す。または、右足裏踵頭のあたりで相手の背中下部を軽く連続して蹴る。

活法を施す際には、以下の点について留意するようにしましょう。
①力まかせに胸部を圧迫すると、肋骨などを損傷するような危険性があるので、十分注意すること。よほど深く落ちていない限り、蘇生させるためにそれほど強い力は必要ない。
②落ちた体勢のままで活法を施すことが望ましい。これは、たとえば、うつぶせでいる状態から不用意に仰向けにすると、落ちている選手が肩を傷めるなどの危険性があるからである。

■図2-46　誘　活

■図2-47　総　活

Q30 「けさ」「四方」とはどのような状態を指すのですか？

A：相手との位置関係が縦か、横か、斜めかで判断します。

　講道館柔道試合審判規定では、固め技のうち、抑え込み技とは「相手を大体仰向けにし、自分は相手の上でおおむね向かい合った形で束縛を受けず、一定時間起きあがることができないように制して抑える技」と定義しています。さらには、国際柔道連盟試合審判規定では、「抑え込んでいる試合者は、その身体が袈裟または四方の体勢、すなわち袈裟固あるいは上四方固のような形にならなければならない」と規定されています。

　まず、けさ（袈裟）の形とは、相手との位置関係が斜めである状態です（図2-48）。抑え込む側の体勢は、上体で相手を抑え込みながら、脚は前後に開き、腰の向きは天井ではなく、水平方向であることが条件と考えられます。一時期、相手と向き合わずに背部で抑え込み、腹は天井を向いた形（裏固め）でも抑え込みが成立したことがありましたが、現在では少なくとも脇胸で抑え、脚が横向きに前後になっていることが、けさの形であるととらえられています。

■図2-48　けさの形

■図2-49　四方の形（上四方）
〈膝を伸ばした状態〉　〈膝を曲げた状態〉

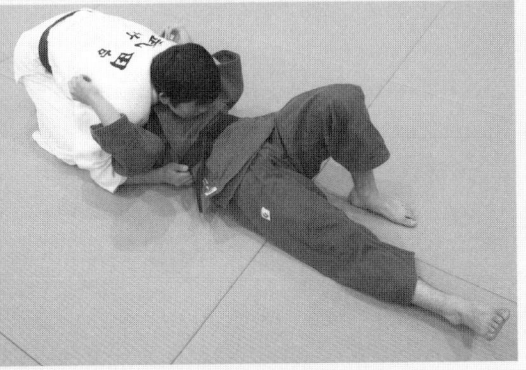

それに対し四方の形は、相手との位置関係がまっすぐ重なっている状態と考えられます。頭上からであれば上四方固め、側方からであれば横四方固め、馬乗りの形であれば縦四方固めとなるわけです。抑え込む側の体勢としては四肢が畳につき、うつぶせの状態で相手を制します（図2-49）。その際、膝は伸びていても曲がっていてもかまいませんが、相手の脚によって束縛を受けていない状態であることが必要です。

　ちなみに、抑え込み技の時間は、講道館柔道試合審判規定では30秒間、国際柔道連盟試合審判規定では25秒間で一本となり、国際ルールの方が5秒短くなっています。

Q31　抑え込みからなかなか逃げられない生徒には、どのような指導が有効ですか？

A：ブリッジ、エビ、逆エビなどの固め技の補助動作が実際の場面でどのように活用されるかということを理解させることが効果的です。

　抑え込まれたときの逃げ方は3種類に大別できます。

(1) 相手との隙間に腕や肩を入れ、うつぶせになる（図2-50）

　おおむね正対している相手との間に隙間をつくり、そこに手や脚または肩を入れて自分の体をうつぶせの状態にする方法です。まず、ブリッジやあおり動作を行い、密着している部分にずれをつくります。そのずれを相手に修復される前に、または、修復しようとして相手が体を動かしたときにできる少しの隙間に、腕や肩を入れ、腹ばいに逃れます。

(2) 相手が体を動かしたときに帯などを握ってひっくり返す（図2-51）

　やはり、相手の動作を利用して、相手をひっくり返す方法です。力の強い生徒は力ずくで返すことができますが、一般的には(1)と同じように体の反動や、あおり動作に対して逃すまいと相手が体を動かしたときに、その力を利用して返します。相手の帯など腕力を有効に使えるところをしっかりと握ることが大切です。一般に「てっぽう返し」といわれるものもこの一例です。

(3) 脚を相手の脚にからませる（図2-52）

　相手の脚を自分の両脚の間に入れてからむ方法です。審判規定でも、抑え込みと判断する条件として、「相手の束縛を受けず」（講道館柔道試合審判規定）、「相手の脚で自分の脚または身体を制せられていないこと」（国際柔道連盟試合審判規定）があげられています。自分の両脚の間に相手の脚を挟み込めば、抑え込みが成立しないわけです。自由に使える手を利用し、相手の脚をすばやく挟めば「解けた」と宣告されますが、それが外れたときは再度抑え込みになりますので、しっかりと力強く挟む必要があります。

(4) 両膝を畳につく（中学生以下）（図2-53）

　その他、講道館柔道試合審判規定では、中学生以下の生徒に対して少年規定

5. 固め技の指導のポイント

■図2-50　相手との隙間に腕や肩を入れる　　■図2-51　帯などを握ってひっくり返す

■図2-52 脚をからませる　　　　　　　■図2-53 両膝を畳につき腰を上げる

を設けており、その中に2～3秒間継続して「抑えられている試合者が両膝とも畳についた形になったとき」に「解けた」が宣告されます。これは、頸部を傷めないようにするためです。

　いずれにしても、抑え込みがしっかりと入ってしまうと、なかなか逃れにくいものです。抑え込みの形になってしまう前に防御すべきであることを指導していきましょう。

6. 試合の指導のポイント

Q32 ▶ 試合は行った方がいいのですか？

A：どのような形でも、試合は行った方がよいでしょう。

　授業における試合は、「技の試し合い」という学習内容の習熟度を知るねらいがあり、同時に「勝負」を学ぶという視点から、生徒の興味・関心を高める効果も期待できます。授業で行う試合で配慮すべきことは、実施の時期やその形態などです。

　試合には授業の最後にまとめとして行う試合と授業の進度に応じて適宜行う試合とが考えられます。一連の学習内容を終え、その後に行う試合は単元のまとめとして位置づけることができ、より正規のルールに近い形で行えるためそれなりの意義があります。しかし、ここではあえて「より簡易なルール」による試合を提案したいと思います。

　「試合」という固定観念を取り払い、「各技能段階での試し合い、競い合い」というとらえ方をしてみることも必要かと思います。授業の各段階で可能な試合の形式について表2-1に示しますので、参考にしてください。

　限られた時間の中での授業であるため、試合の実施は指導者にとっては悩みの種ですが、このように工夫次第でさまざまな試合の形式が可能になります。ぜひ試してみてください。

■表 2-1　授業の各段階で可能な試合の形式

授業経験時間数	試合方法の具体例	
	投 げ 技	固 め 技
3～5 時間	・一定時間内に相手を投げた回数を競う。	・抑え込み技のみで行う。 ・抑えた体勢から20秒勝負。
6～10 時間	・足技のみで試合時間は1分程度。 ・技を掛けられて背中がついたら負けとする。	・開始の体勢を工夫する。 ・相手を投げて、抑え込んだ瞬間から開始する。
11～15 時間	・既習技に制限し、立姿勢から開始。 ・試合時間を2分程度とし、二審制で行う。 ・絞め技、関節技の扱いは技能程度に応じて配慮する。	

Q33 ▶ 授業のまとめとして生徒による大会形式の試合を検討しています。何かよい方法はありませんか？

A：事前指導、準備など、たいへんなことはありますが、実施する価値はあり

ます。
　　いわゆる「校内柔道大会」に該当するものだと思います。武道の授業を実施している学校では、授業のまとめとしてこのような大会を行っている学校も多いことでしょう。スムーズな実施のために「準備」と「当日の運営」の両面から考えてみたいと思います。
　　まず、準備段階では大会の規模を考慮し、試合場の広さと参加チーム数を決めなければいけません。また、団体戦か個人戦かの検討も必要になります。問題は当日の運営に関わるスタッフの数です。
　　単純計算で一会場につき、審判2（主審1、副審1）、時計係、ブザー係、掲示係など最低4〜5名は必要になります。「生徒の自主的な運営」を考えると大会当日は可能な限り指導者は口を出さないのが理想です。当然その分、事前指導が重要になります。
　　具体例として実際に高等学校で行われている柔道大会のようすを紹介します。学習院高等科では授業のまとめとして毎年12月に「柔道納会」と称して柔道大会を実施しています。昭和31年2月に初めて柔道大会をスタートさせましたが、昭和48年から講道館大道場に会場を移し、現在では3年生のみの参加により乱取り練習とクラス代表による団体戦を実施しています。学習院といえば若き日の嘉納治五郎が教員として勤めた学校であり、伝統と同時に、何か因縁めいたものを感じさせられます。

(1)試合要項
1. 試合方法・ルール
　・トーナメント方式による団体戦。各クラスから2チーム選出。
　・チーム編成は選手7名、補欠2名とする。
　　　先鋒・次鋒は体重が62kg以下の選手。3人目から大将までは無差別級。オーダーの変更は毎回認められる。
　・試合時間は2分間。
　・技および反則の判定基準は有効・注意以上の講道館ルールを適応。
　・試合内容が同じ場合は、代表戦の僅差をもって勝者チームを決定する。
　・3位決定戦を行う。
2. 特別ルール
　・絞め技・関節技は授業で指導した技のみとする。
　・右組みから左組みの技（左から右の技）は禁止する。組みかえて掛ける場合は可能。
　・裏投げ等の相手を持ち上げ落とす技は禁止する。返し技は可能。
　・抑え込みは20秒で一本、15秒で技あり、10秒で有効。
3. その他
　・優勝・準優勝・3位のチームに賞状・メダル・記念品を贈呈する。

■図 2-54　学習院高等科が講道館で行っている「柔道納会」

(2)運営に関して
・1年前より講道館へ日程を事前に連絡し、2ヶ月前より申込書を講道館に提出する。
・救護係を設ける。
・審判は大学生または卒業生などの柔道経験者に依頼。
・時計係等の補助役員の仕事は、柔道部員または体育委員が行う。
・タイムスケジュールを作成し、進行を円滑に行う。

Q34　生徒に審判技術を身につけさせたいのですが、可能ですか？

A：十分に可能です。試合技能の一環としてぜひ経験させるべき内容です。

　柔道の試合の審判というとどうしても堅苦しいものを思い描いてしまいがちです。また、審判規定も非常に複雑なため、生徒が行うことは無理だという結論を出してしまうこともあるのではないでしょうか。
　もう少し気楽に考えてみませんか。ここでは、あくまで授業の中での試合だ

ということを強調しておきたいと思います。前述のQ33に戻ってみてください。ここでは授業における具体的な試合方法の例を示しました。つまり、簡易な試合ばかりです。試合が簡易なものであれば、当然それに合わせて審判法も簡易にすればよいわけです。

　たとえば、初歩の段階での寝技の試合では、選手の座礼の後、「始め」「抑え込み」「解けた」「待て」「一本（それまで）」「それまで」、以上のゼスチャーと発声が理解できていれば十分審判が行えます。

　審判するにあたっての生徒の不安材料は、間違えた場合に周りから文句をいわれることではないでしょうか。審判規定に、「審判に対する抗議は一切認められない」という趣旨のものがありますが、それを持ち出すまでもなく授業における審判では不完全なのが当たり前で、審判の失敗も含めてみんなで反省することにより、次回の授業に活かす姿勢が求められるのです。それらの点について生徒が理解を深めたならば、活気のある試合が展開されるのではないでしょうか。

第3章
その他の疑問編

Q01 ▶ 宗教上の理由で授業に参加できない生徒がいます。どのように指導したらいいですか？

A：生徒と十分に話し合いをして、授業にどのような形でなら参加できるかを探ることです。

現状では宗教上の理由から柔道を拒む生徒に対して、それを強要することはむずかしいと考えられています。しかし、柔道を拒む生徒に対しても、柔道がどういう運動で、どういう特性があり、何を目標としているか等を十分指導し、理解させる必要があります。

学習指導要領では、柔道、剣道、ダンス等から選択して履修することになっています。そのため、宗教上の理由で武道ができない場合、ダンスを選択するよう薦めればよいのですが、施設や指導者等のさまざまな理由から、柔道を共通に履修させている学校も多いでしょう。

宗教上の理由から柔道を拒む生徒の場合、宗派や信仰の状況により、どこまで参加できるか個々に違いがあります。柔道衣を着ることすら拒む者、単独での受け身までなら可能な者、対人での受け身まで可能な者などさまざまです。まずは、当該生徒と十分に話をして、その中で、準備体操や補強運動（トレーニング）まで参加する、受け身まで参加する、など、少しでも授業に参加させるとともに、指導者の話をしっかり聞かせ、授業のポイントをノートに記入させるなどしたらどうでしょうか。また、掲示係や時計係、審判など、役割を与え、柔道に対する知識と理解を深めさせることも大切だと考えます。

現状では、柔道に関する理解度、見学状況、出席状況、ノートのまとめ方等を総合的に判断して評価するケースが多いのではないでしょうか。

Q02 ▶ 装飾品（ピアス・指輪等）をつけてくる生徒がいます。どう指導したらいいですか？

A：柔道の授業ではピアスなどの装飾品は必ず外させるべきです。

最近のファッションからか、日常から装飾品を身につけて登校する生徒が目につくようになりました。もちろん、校則で厳しく指導している学校も多いことと思いますが、多くの問題を抱え、生徒指導を実施している学校も増えており、その指導に苦慮されている先生も多いことでしょう。

試合では固いものを身につけた場合、反則になります。対人競技である柔道の特性上、相互の安全を確保することが最優先であり、金属製の装飾品などを身につけていると相手に怪我をさせる可能性があります。もちろん、自分自身にも危険が及ぶ可能性があります。

その一つの例として、ピアスについて考えてみましょう。ピアスの針が外れて、落ちたり、飛んだりしたらどうなるでしょうか。もし針が目に刺さったら、

たいへんな事故になってしまいます。また、最近では、あるスポーツの影響か、手首や足首にミサンガを巻いている生徒を見かけます。これもそれに引っかかり思わぬ怪我につながりますので、外させるかその上からテーピングをするなどの指導が必要です。

　以上のとおり、柔道をするときにはお互いの安全のために必ず装飾品を外させるようにしてください。これも相手を思いやる気持ち、「自他共栄」の精神につながるものです。

Q03 ▶ 柔道衣の下にジャージやトレーナーを着てくる生徒に対しては、どのように指導したらいいですか？

A：柔道衣以外は何も着けないことが原則です。

　通常であれば、脱がせるべきでしょう。しかし、以下の場合は例外と考えられますので、状況に応じて指導者が判断すべきです。

　まず、柔道の授業を行う上で第一に考えることは生徒の安全です。冬季の気温が低いとき、準備運動が不十分で体が温まらず、怪我をしてしまうという事例がよく見られます。このように事故防止の観点から、気温などの条件に応じて、柔道衣の下にジャージやトレーナーを着て授業に参加させても問題はないと思います。

　次に、柔道衣は素肌に身につけることが原則（女子はTシャツ着用）ですが、皮膚が弱く（アトピー性皮膚炎など）、柔道衣が擦れて炎症を起こしてしまう生徒などにTシャツの着用を認めることは必要な配慮です。しかし、着るものによっては、柔道衣との間に十分な空間がなくなり、相手が握りづらくなってしまうようでは問題があります。また、金属製のもの（ファスナーなど）がついているものは、安全配慮の面から禁止すべきです。

参考までに、柔道や剣道では古くから寒い時期に寒さの中で自己の心身を鍛える寒稽古が行われています。指導者の中には、寒さの中でも柔道衣一枚で通すことが心身の鍛練につながるといった考えを重視して指導されている先生もいます。この考えも柔道の目的からすると大切な考えであるといえます。

　いずれにしても、冬季に柔道を行うなど、特別な事情のある場合にはなんらかの配慮をするとともに、準備運動をはじめ、授業の進め方を工夫するなどの対策が必要です。

Q04 男女共習の授業で、男女で組むのをいやがる生徒がいます。どう指導したらいいですか？

A：そうした生徒は当然出てくると思います。これを男女共習のメリットを理解させる機会にしましょう。

　柔道の技の指導を通して男女の身体的特徴の違い（女性は男性に比べ一般的に柔軟性にすぐれているが、瞬発力や筋力面では劣るなど）について説明を加えると、それぞれの体の違いを相互に理解する上で役立ちます。思春期を迎えた生徒の場合、異性に対する意識が芽生え、異性と組むことに抵抗を感じる生徒も多いと思います。とくに体が密着する度合いが増す寝技ではその傾向が強いと思います。それが大きい場合、男女別々に分けて組ませるように配慮することも必要になってくるでしょう。

　しかし、男女が一緒に組み合うことのメリットも考えられます。男子は女子と組むことで、体力的に劣る女子を力ずくで投げるのではなく、動きを使って合理的に投げるといった、柔道の本質を学ぶ機会にもなります。また、力を加減することや相手をかばうことから、思いやりの心を育てることにも役立ちます。つまり、「自他共栄」の精神を学ぶ点からも、プラスになるといえるでし

ょう。
　男女の体力差、体格差が大きくない場合は、性差を個人差ととらえ、男女混合で練習（その中で、体重別、身長別に分けて練習）し、その差が大きい場合は男女別に分けて練習するなどの配慮が必要です。また、女子の中で体格差の著しい場合、活発で体力のある女子生徒は、積極的に男子を相手に練習し、思いっきり技を掛けることは、柔道の楽しさを学ぶのに大いに役立ちます。

Q05 ▶ 授業で学んだ礼法を日常生活で活かすには、どうしたらいいですか？

A：繰り返し、機会のあるごとに、柔道における礼の意味を強調することが重要です。

　とくに、自由練習や試合などの激しい攻防の後ほど、自分の気持ちを整えて、正しく美しい礼を行うことを習慣にすることが大切です。そのような場面で、柔道が目指す人間教育、人格の形成といった目的が理解され、「精力善用」「自他共栄」の精神が実践されていれば、自然と日常生活の中で挨拶や礼儀正しい行動が行われるはずです。授業の中だけの形式的な礼に終わることなく、それが道場の外、廊下や教室だけでなく、家庭や地域、学校の外で実践できるようになるまでねばり強く指導してください。

Q06 ▶ 柔道を通した心の教育が重要だと思いますが、どのようなことを強調すべきですか？

A：「投げる」「投げられる」を経験させて、人の痛みを知る指導をしてください。

　「心の教育」を考えることは、講道館柔道の創始者である嘉納治五郎の教えを省みることにもつながるのではないでしょうか。そこで、柔道の練習を行うことで期待される精神面での効果について考えてみたいと思います。

　まずは、投げられて受け身をとるときの痛みが、相手に対する思いやりの出

発点になります。最近はテレビやテレビゲームなど、自分の痛みを伴わないバーチャルな空間での暴力場面に接する機会が増えています。痛みなどの身にしみる体験をすることが、相手への思いやりや配慮を育成する手がかりとなります。

　柔道では、力ずくで投げたり、手を離して投げることは、相手に余計な痛みや怪我を与えることにつながります。そのときに、自分の痛みを伴った体験が、力を加減するなどの相手を思いやる行動につながるのです。さらに、力の劣る相手に対して、自分が一方的に投げるだけでなく、しっかりと相手の技を受け止め、相手の技が十分にきいていた場合は自分から受け身をとるという姿勢は、相手の技の上達を助けるばかりでなく、互いの信頼感を育むことにもつながります。

　柔道はときには痛みを伴う激しいスポーツです。互いにルールを守り、相手に怪我をさせないようにしながら、ともに上達を目指すパートナーとしての意識と取り組み、すなわち「自他共栄」の精神の実践が相手を思いやる気持ちを育てます。

　柔道は実際やってみてわかるとおり、見た目よりきつい運動です。初心者は自由練習を１分も行えば疲労困憊の状態になります。そのきつい練習を休まず続けることは、体力を高めるだけでなく、どんなことにも屈しない強い精神力を養う上で役立ちます。その積み重ねが、肉体的に苦しい場面でも、自分の弱い心に打ち勝つ克己心を育て、辛抱強い人間に成長するきっかけになります。また、古くから伝統的に行われている暑中稽古や寒稽古など、厳しい環境の中で、一定期間稽古をやり続けることも、技術の向上以上に強い精神力を養うのに役立つものと思います。

　「心・技・体」の言葉に表されるとおり、心が伴わなければ技も体も成長していきません。授業の中で、わずかな機会を見つけては、このようなアドバイスを生徒に与えてみてはいかがでしょうか。

Q07 ▶ トイレや玄関のスリッパの整理など、「しつけ」にかかわる内容も指導した方がいいのですか？

A：日本の伝統的な行動のしかたや礼法を重視する柔道の授業では、当然これらの「しつけ」に関する指導も意義のあることです。

最近、家庭での教育力が落ち、本来、家庭でなされるはずのいわゆる「しつけ」に関する部分が欠如した生徒が多く見られるようになりました。道場前に脱いだ履き物が散乱していたり、着替えた物がそのまま脱ぎ捨てたままになっていたり、中には道場の畳の上に靴のまま上がる生徒もいます。

「しつけ」は、人間が社会生活を営む上で、誰もが身につけておかなければならない最低限のマナーです。柔道の授業の中には、礼儀作法の場面で、生徒にそれを気づかせる機会が多くあります。お互いが気持ちよく生活できるように、昔から綿々と引き継がれてきた行動のしかたを大切に指導していきましょう。ある学校では、「一歩振り返れ」「親のしつけがわかる」と玄関先の床に表示している例もあります。

Q08 ▶ 授業で初段を取得するのは可能ですか？

A：授業で初めて柔道に触れた生徒でも、初段の取得は十分可能です。

柔道を学んでいる生徒にとって、黒帯を締めることは憧れです。柔道の段位は社会的にも広く認められた資格であり、㈶講道館が認定し、発行しています。しかし、初段を取得するためには、一定の条件をクリアし、昇段審査に合格しなければなりません。

昇段の条件は、講道館の「昇段資格に関する内規」に定められており、経験年数、試合成績、形が審査されます。それは、部活動で毎日のように柔道を続けている生徒を基準とする内容であり、柔道の授業のみの経験者にとってはか

なり厳しいものといえます。

柔道に対する理解を深め、技能を高めるためにも、昇段のための特別な補習を設定したり、柔道部の活動に参加させたりと、初段を取得するための特別な取り組みを工夫する必要があります。生徒に目標を持たせ、意欲的に授業に参加させるためにも、初段の取得を目標にあげることはたいへん意義のあることだと思います。

Q09 ▶ 寒稽古、暑中稽古は何のためにやるのですか?

A:「心・技・体」のうち、「心」の鍛錬が主な狙いです。

日本では古くから極寒または猛暑の中で自己を鍛えることを目的とした稽古が行われてきました。武道の特徴を端的に表している言葉が「鍛錬」です。あえて自己を厳しい状況に置き、そこで一定期間休まずに稽古を続けることで、柔道の技術以上に、どんなに苦しいことにも負けない精神力を身につけることが大切であると考えられてきたからです。

近年は、さまざまな面で利便性が追求され、徹底して無駄を省こうという動きが見られます。それは教育の場面においても同様です。無駄な時間をかけず、あるいはスマートに成果を出すことがよしとされる時代になりつつあります。しかし、われわれは一見無駄と思えるものの中にこそ大切なものが隠されていることを見逃してはなりません。遠回りに見えても基礎・基本をしっかりと身につけることで、その後の進歩に大きな差が出てきます。いわゆる「不合理性の中の合理性」を追求しながら、柔道の授業を通して技術のみならず「本当に大切なものは何か」を考えさせることも必要だと思います。そのような理由から、いまだに寒稽古や暑中稽古（夏合宿）を実施している学校も多いのだと思います。大いに実施すべきではないでしょうか。

ただし、ここで精神論だけに終始するのでは問題があります。生徒の健康への配慮を忘れず、必要以上に無理をさせないようにすることも指導者としての重要な仕事だと思います。

Q10 ▶ ヨーロッパで柔道人気が高いのはなぜですか?

A：ヨーロッパにおける格闘技の歴史は古く、日本の武道にも強い関心を持ち、オリンピックなどでも強い選手を多く輩出しているからです。

ヨーロッパの中でもとくに柔道の人気が高いのは、フランス、オランダ、イギリスなどで、柔道の普及や競技力において世界的に高い水準を示しています。同時にこれらの国は、ともに長い柔道の歴史を持っています。

講道館柔道の創始者である嘉納治五郎が若かりし頃、最初に海外渡航において降り立ったのがフランスです。そして、パリに約2ヶ月間滞在しています。当然のことながら、嘉納治五郎のフランスでの柔道普及の活動が、現在のフランスにおける柔道熱の種になったことは容易に想像できます。

礼儀作法と格闘の両面を備えた柔道に対しフランス人が大いに興味を示し、国内で発展していったことは、その後のフランス柔道の世界での実績を見ても明らかです。現在、フランス柔道連盟に登録している柔道愛好者数は58万人といわれています。

Q11 カラー柔道衣に関する議論はどうなりましたか？

A：柔道の国際化の流れを受け、1997年から主要な国際大会に限りカラー柔道衣が導入されています。

カラー柔道衣の導入を世界で最初に提起したのは、東京オリンピックの柔道無差別級優勝者、オランダのアントン・ヘーシンク氏でした。1986年のことです。以来約10年にわたり、賛成派と反対派の議論が続けられました。

「審判員や観客が選手を識別しやすい」、「審判の誤審防止につながる」、「テレビ映りがよい」というのが賛成派の主な主張です。それに対し、日本をはじめとする反対派は、「心の美しさを象徴する白い柔道衣の伝統美をそこなう」、「選手が柔道衣を白・青それぞれ2着ずつ用意しなくてはならず、とくに発展途上国においては経済的負担が大きい」という主張を展開してきました。

ところが、時期を同じくしてIOC（国際オリンピック委員会）がテレビの視聴率を重視する考えを示唆したことにより、1997年のIJF（国際柔道連盟）総会において、127対38でカラー柔道衣の導入が可決され、反対派は敗れました。IJFがテレビ映りを重要視する立場をとった結果です。

1998年よりIJFが主催する大会（オリンピック、世界選手権、ワールドカップ、世界ジュニア選手権、ユニバーシアード）ではブルー柔道衣が採用されていますが、これらの大会以外でのカラー柔道衣の導入は各連盟の判断に任されています。

柔道はすでに国際スポーツであり、一国の文化を理由に反対することはすでに不可能な状況にあったということかもしれません。観客重視という国際スポーツの流れには逆らえなかったわけです。

用語解説

あ

■相四つ、けんか四つ

　試合や練習で両者が左右同じ組み方をすることを「相四つ」という。両者が右組みどうしなら「右相四つ」、両者が左組みどうしなら「左相四つ」となる。これに対し、両者の組み方が逆の場合を「けんか四つ」という。

■歩み足、継ぎ足、摺り足

　ふつうの歩き方と同じように右足と左足を交互に出して、前後に進む歩き方を「歩み足」という。これに対し、一方の足が他方の足を越さないように、前の足に後ろの足を継ぐ歩き方を「継ぎ足」という。相手を崩すときや相手に崩されようとしたとき、また、相手の動きに応じるためには、常に適当な足幅と重心の安定が必要であり、足の裏が畳から大きく離れないように、軽く親指の付け根（拇指球）をするように歩く「摺り足」が大切である。

■一本、技あり、有効

　「講道館柔道試合審判規定」では、次のように、定義されている。

［一　本］

投げ技：技をかけるか、あるいは相手の技をはずして、相当の勢い、あるいは弾みで、だいたい仰向けに倒したとき。

固め技：(1)「参った」と発声するか、または手か足で相手または自分の体あるいは畳を2度以上打って合図したとき。

(2)抑え込み技では、「抑え込み」の宣告があってから30秒間、抑えられた者がそれをはずすことができなかったとき。この場合、一つの抑え込み技から他の抑え込み技に変化しても完全に相手を制しているときは、継続していると認める。

(3)絞め技と関節技では、技の効果が十分現れたとき。また、同じ試合者が「技あり」を2度とったときに審判は「合わせて一本」と宣告する。

［技あり］

投げ技：完全に「一本」と認めがたいが、今少しで「一本」となるような技で投げたとき。

固め技：相手を抑え込んで25秒以上経過したとき。ただし、「技あり」をとった者が「抑え込み」に入った場合、または抑え込まれている者が「警告」を受けている場合、その時間は25秒とする。

［有　効］

投げ技：「技あり」と認めがたいが、今少しで「技あり」となるような技で投げたとき。

固め技：相手を抑え込んで、20秒以上経過したとき。

■受

　⇨「取」

■受け身

　投げ技に対応する安全確保の技術。手や脚で畳を積極的に打つことにより、頭部や体の安全を保つ。前受け身、後ろ受け身、横受け身、前回り受け身がある。

■打ち込み

　⇨「かかり練習」

■抑え込み技

　寝技において相手を仰向けにして、上から四方あるいはけさの形でその自由を制して、起き上がれないようにする技の総称。

か

■返し技

　相手の掛けてきた技をその瞬間に切り返して、反対に相手を投げ倒す技。

■かかり練習（打ち込み）

　同じ技を繰り返し練習し、崩し、体さばき、掛け方、力の用い方などを身につける練習方法のこと。

■掛　け

　⇨「崩　し」

■固め技

　抑え込み技、絞め技および関節技の総称。

■活　法

　柔道古来の人工呼吸法。主として「絞め技」によって、いわゆる「落ちた」（一時的に意識喪失の状態になること）場合に行いる。

■刈　り

　⇨「払　い」

■関節技

　相手の肘関節をねじったり、伸ばしたりして制する技。なお、肘関節以外の関節をとること、首の関節および脊柱に故障を及ぼすような動作をすること、立ち姿勢からいっきょに体を捨てて腕ひしぎ腋固め

を施すことなどは禁止事項となっている。
■起倒流、天神真楊流
　嘉納治五郎は青年期にいくつかの柔術を学んだが、後の講道館柔道の創始に最も影響を与えたのが、起倒流と天神真楊流の柔術だった。起倒流の技術が投げ技のもとになっており、嘉納治五郎は起倒流の形をおおむねそのまま「古式の形」として講道館に残している。また、天神真楊流は絞め技と関節技に特色が見られ、それらが現在の固め技のもとになっている。
■基本動作
　柔道における技術練習の基礎になる、手足の動き、ふるまい、所作のこと。動作としては、礼法、姿勢、組み方、進退、体さばき、崩し、作り、掛け、受け身などがある。
■居姿
　固め技の基本姿勢。固め技を行うとき、攻撃においても退く場合においても、最も適した姿勢と考えられている。固めの形では、自然本体から左足を一歩後方へ引き、爪先を立てたまま元の踵の位置に左膝を下ろし、右足を右横に大腿部と下腿部がおおよそ90度になるようにし、右手は右膝の上に、左手を自然に垂らした姿勢をいう。
■崩し、作り、掛け
　相手を押したり引いたりして、安定している重心を移動させ、相手を剛体（一本の棒のように）にし、自分の技が掛かりやすいようにすることを「崩し」という。崩しの方向は円周の方向に無数にあるが、基本的には「八方向」に整理して練習する。また、相手の姿勢を崩して（「相手を作る」）、自分は最も技を掛けやすい位置と体勢をとる（「自分を作る」）ことを「作る」という。そして、一連の動作として、最も適当な技を掛けて投げ倒すことを「掛け」という。
　この「作り」と「掛け」を停滞することなく一瞬のうちに行うことが理想。「体さばきにより相手を崩し（相手を作る）、体さばきにより自分が技を掛けやすいように自分を作り、技を掛ける」、これが相手を投げる際の一連の流れといえる。
■けさの形
　相手との位置関係が斜めの状態をさす。抑え込む側の体勢は、上体で相手を抑え込みながら、脚は前後に開き、腰の向きは上向きではなく、水平方向であることが条件と考えられる。この形がいわゆる「け

さ固め」と呼ばれるもので、この名称の由来は、抑え込んだときの形が僧侶が身につける「けさ（袈裟）」に似ていることによる。
■けんか四つ
　⇒「相四つ」
■腰を切る
　横四方固めで抑えているときや、けさ固めや横四方固めで脚をからまれているときに、相手の動きに応じて、腰や足を移動してバランスをとることをいう。具体的には、両脚を開いたうつぶせの姿勢から片脚を軸に腰を捻り、次に、下にあった脚を軸にして腰を浮かせ、体を捻って脚を入れ替える。このように腰を捻りながら、片脚を軸にして左右の脚を入れ替える動きを「腰を切る」と表現している。
■後の先
　相手の掛けてきた技に応じて相手を制すること。「返し技」または「変化技」と表現することもある。

さ

■支え
　⇒「払い」
■さばき（体さばき）
　相手を崩して不安定な姿勢にし、技を掛けやすくしたり、相手の技を外すために体を前後左右に移動させたり、方向転換したりすること。相手を投げるために必要な条件はまず「崩し」であり、その「崩し」にはスムーズな「体さばき」が必要になる。基本的な「体さばき」には、「前さばき」、「後ろさばき」、「前回りさばき」、「後ろ回りさばき」がある。
■座礼、立礼
　座った姿勢（正座）で行う礼を「座礼」という。正座から、背中と頭部が水平になるように体を前に倒し、手は大腿部から自然に前に下ろし「ハ」の字につく。このときの指先の間隔は6cm程度、ついた手と膝の間隔は20cm程度、畳と額の間隔は30cm程度をめどにする。
　一方、立った姿勢で行う礼を「立礼」という。踵をつけ、肩の力を抜いて立ち、背すじを伸ばし、上体を約30度前に倒す。手は指をそろえ、膝頭の上くらいまで下げる。座礼・立礼とも、一呼吸（約3秒）で元に戻すくらいがよいとされる。
■三様の練習
　自由練習（乱取り）の練習方法。自分より相手が

強い場合には守りに入ることなく積極的に技を掛けかつ受け身を取る「捨て稽古」、同じぐらいの力を持っている者どうしが積極的に技を応酬し合う「互角稽古」、自分より相手が弱い場合に相手の技を引き立てていく「引き立て稽古」のこと。

■軸足
払い腰や内股などの技で、自分の体を支持する足のこと。

■自護体（自護本体、右自護体、左自護体）
両足の間隔をやや広くし、両膝を曲げ、重心を落とした姿勢をいう。両足を自然本体より広く開き腰を落とした姿勢を「自護本体」、その姿勢から右（左）足を一足長前に踏み出した姿勢を「右（左）自護体」という。

■自護本体
　⇨「自護体」

■自然体（自然本体、右自然体、左自然体）
ごく自然に立った姿勢で、最も効率的に動くことができ、相手の動きにもすばやく対応できる安全な姿勢である。両足の踵の間隔をほぼ一足長（約30㎝）開き、体重を両足に均等にかけて立った姿勢を「自然本体」、その姿勢から右（左）足を一足長前に踏み出した姿勢を「右（左）自然体」という。

■自然本体
　⇨「自然体」

■自他共栄
　⇨「精力善用」

■四方の形
国際柔道連盟試合審判規定には「抑え込み」が宣告される条件の一つに、「抑え込んでいる試合者は、その身体が『袈裟』又は『四方』の体勢」とある。この場合の「四方」とは、相手との位置関係が縦か横の状態であり、さらに、仰向けの相手を抑えるため、四つん這いで、両手両脚が畳についている状態のことをさす。

■絞め技
相手の頸動脈または気管を柔道衣の襟、手首、前腕で圧迫し制する技をいう。なお、頸部以外を絞めること、帯の端、または上着の裾を利用して絞めること、こぶしまたは指で直接絞めること、直接両脚ではさんで絞めることは禁止事項となっている。

■柔能制剛（じゅうよくごうをせいす）
「体が小さく力の弱い者が、体が大きく力の強い者を倒すこと」。柔術では、「相手の力に逆らわず、その力を利用して勝つ」と説かれていたが、嘉納治五郎はこの原理からやがて「精力最善活用」を説くに至った。

■自由練習（乱取り）
互いに技を出し合って相手を投げたり、固めたり自由に攻防する練習方法のこと。

■摺り足
　⇨「歩み足」

■制する
相手を自分の意に添うようにコントロールすること。

■「精力善用」「自他共栄」
嘉納治五郎は柔道修業の最終目標を「己の完成」と「世の補益」とした。その実現のために、「心身の力を最も有効に使用する」という「精力善用」の理を導き出し、この理のもと、「社会生活の存続発展のために応用する」という「自他共栄」思想を提唱した。

た

■体さばき
　⇨「さばき」

■継ぎ足
　⇨「歩み足」

■作り
　⇨「崩し」

■釣り手、引き手
相手と組んだときに、相手の袖を持っている方の手を「引き手」、相手の襟を持っている方の手を「釣り手」という。右組みの場合、左手が引き手、右手が釣り手となる。

■天神真楊流
　⇨「起倒流」

■取、受
練習で技を掛ける人を「取」、技を受ける人を「受」という。

な

■投げ込み
　⇨「約束練習」

■日本伝講道館柔道
1882（明治15）年に嘉納治五郎が柔術を集大

成して創った講道館柔道の正式名称。
■寝姿勢
　寝勝負の際の姿勢のこと。仰向け、うつぶせはもとより、片膝つきの攻撃・防御の姿勢も含まれる。

は

■払い、刈り、支え
　出足払いや送り足払いのように足の土踏まずで払い上げる動きを「払い」という。これに対し、鎌で草を切るときの刃の部分を手前に向けて動かして切るような動きを刈るということから、柔道の技では、大内刈りや小内刈りのような動きを「刈り」という。また、支え釣り込み足のように前に崩れた相手の足首あたりに足裏を当て、それを支点に投げる動きを「支え」という。
■引き込む
　寝技の形へ持ち込むこと。
■引き出す
　自分の移動、体さばきにより相手を前へ動かすこと。
■引き手
　⇨「釣り手」
■左自護体
　⇨「自護体」
■左自然体
　⇨「自然体」
■変化技
　⇨「連絡変化」

ま

■間合い
　相手と互いに自然体で組んだ場合、双方に一定の間隔があると、受が安定した状態のままとなり、技を掛けても効果はない。体の移動や体さばきによって、この間隔が狭まったり、開いたりすると、受は安定感を失ってバランスを崩し、技が掛かりやすい状態になる。このように相手と組んだときの間隔を「間合い」という。
■右自護体
　⇨「自護体」
■右自然体
　⇨「自然体」

や

■約束練習（投げ込み）
　事前に、回数・時間・技・動き等を相手と約束しておき、投げたり、投げられたり、固めたり、固められたりする練習方法をいう。これにより技の理合いを理解することができる。
■有　効
　⇨「一　本」

ら

■乱取り
　⇨「自由練習」
■理合い
　嘉納治五郎は柔道を創始して以来、その弟子たちとともに日々厳しい練習と研究を続け、現在の技を完成させるに至った。すべての技は、「崩し」「作り」「掛け」による力の合理的な利用によって成り立っていることが理論立てて説明されている。「精力善用」の精神にもとづき、相手を投げるためには、自分の力を最も有効に使うとともに、相手の力を利用することが大切である。この考えのもと合理的な力の使用により技が決まる原理のことを「理合い」という。
■立　礼
　⇨「座　礼」
■連絡変化（連絡技、変化技）
　技を連続して掛けたり、相手の掛けた技の力を利用して自分の技に変化させることを「技の連絡変化」という。自分の技から自分の技へつなげる方法を「技の連絡」（一般に連絡技）、相手の技から自分の技へつなげる方法を「技の変化」（一般に変化技）という。
■連絡技
　⇨「連絡変化」

わ

■技あり
　⇨「一　本」

■技の分類

投げ技	立ち技	手技	背負い投げ　体落とし　肩車　すくい投げ　浮き落とし　隅落とし　帯落とし　背負い落とし　山嵐　双手刈り　朽ち木倒し　きびす返し　内股すかし　小内返し　一本背負い投げ
		腰技	浮き腰　大腰　腰車　釣り込み腰　払い腰　釣り腰　跳ね腰　移り腰　後ろ腰　抱き上げ（試合では有効技ではない）　袖釣り込み腰
		足技	出足払い　膝車　支え釣り込み足　大外刈り　大内刈り　小外刈り　小内刈り　送り足払い　内股　小外掛け　足車　払い釣り込み足　大車　大外車　大外落とし　つばめ返し　大外返し　大内返し　跳ね腰返し　払い腰返し　内股返し
	捨て身技	真捨て身技	巴投げ　隅返し　裏投げ　引き込み返し　俵返し
		横捨て身技	横落とし　谷落とし　跳ね巻き込み　外巻き込み　浮き技　横分かれ　横車　横掛け　抱き分かれ　内巻き込み　蟹挟み　大外巻き込み　内股巻き込み　払い巻き込み　河津掛け（禁止技）
固め技		抑え技	けさ固め　肩固め　上四方固め　横四方固め　崩れ上四方固め　崩れけさ固め　縦四方固め
		絞め技	並十字絞め　逆十字絞め　片十字絞め　裸絞め　送り襟絞め　片羽絞め　胴絞め（禁止技）　袖車絞め　片手絞め　両手絞め　突込み絞め　三角絞め
		関節技	腕がらみ　腕ひしぎ十字固め　腕ひしぎ腕固め　腕ひしぎ膝固め　腕ひしぎ腋固め　腕ひしぎ腹固め　腕ひしぎ脚固め　腕ひしぎ手固め　腕ひしぎ三角固め　足がらみ（禁止技）

■編著者

鮫島元成（さめしま　もとなり）
　筑波大学附属高等学校教諭、昭和25年生れ、講道館七段
　文部省主催学校体育実技指導者講習会講師（1998～1999）
　㈶全日本柔道連盟教育普及委員会委員（1996～現在）
　㈶講道館指導員（1978～現在）、第1章4.執筆
　□著書：『新しい柔道の授業づくり』（大修館書店、共著）
　　　　『Do Sports Series　柔道』（一橋出版、共著）

髙橋秀信（たかはし　ひでのぶ）
　東京都立新宿高等学校教諭、昭和35年生れ、講道館五段
　東京都高等学校体育連盟柔道専門部副部長、同昇段審議委員長、第2章3.執筆
　□著書：『新しい柔道の授業づくり』（大修館書店、編集協力）
　　　　『Do Sports Series　柔道』（一橋出版、共著）

瀧澤政彦（たきざわ　まさひこ）
　東京学芸大学附属高等学校教諭、昭和41年生れ、講道館四段
　東京都高等学校体育連盟柔道専門部総務副委員長、第1章2.3.付録執筆
　□著書：『新しい柔道の授業づくり』（大修館書店、編集協力）

■執筆者

坂田敬一
東京都立武蔵野北高等学校
昭和24年生れ、講道館六段

竹内　章
東京都立駒場高等学校
昭和29年生れ、講道館六段
第2章4.5.執筆

磯村元信
東京都立小平西高等学校
昭和32年生れ、講道館六段
第1章5.執筆

河村直也
東京都立葛飾野高等学校
昭和32年生れ、講道館五段
第3章、付録執筆

植田　穣
東京都立足立西高等学校
昭和33年生れ、講道館五段
第2章1.執筆

坂下　誠
学習院高等科
昭和39年生れ、講道館六段
第2章3.執筆

井上芳明
東京都立竹台高等学校
昭和41年生れ、講道館五段
第3章、付録執筆

川合卓司
安田学園高等学校
昭和42年生れ、講道館四段
第2章2.6.執筆

手島和洋
藤村女子高等学校
昭和50年生れ、講道館五段
第2章4.5.執筆

小室宏二
講道館道場指導部
昭和52年生れ、講道館五段
第1章1.執筆

熊野耕二
千葉県立白井高等学校
昭和53年生れ、講道館四段

■写真撮影協力　東京都立竹台高等学校柔道部　筑波大学附属高等学校柔道部

Q&A 中・高校　柔道の学習指導

©Motonari Sameshima, Hidenobu Takahashi, Masahiko Takizawa, 2006
NDC 375　94 P　26cm

初版第1刷──2006年10月25日

編著者──鮫島元成　髙橋秀信　瀧澤政彦
発行者──鈴木一行
発行所──株式会社 大修館書店
　　　　〒101-8466　東京都千代田区神田錦町3-24
　　　　電話 03-3295-6231（販売部）　03-3294-2358（編集部）
　　　　振替 00190-7-40504
　　　　［出版情報］http://www.taishukan.co.jp
　　　　　　　　　　http://www.taishukan-sport.jp（体育・スポーツ）
装丁者──中村友和（ROVARIS）
本文レイアウト──加藤　智
本文写真撮影──フォート・キシモト
印刷所──横山印刷
製本所──難波製本

ISBN 4-469-26623-X　　Printed in Japan

Ⓡ本書の全部または一部を無断で複写複製（コピー）することは、
著作権法上での例外を除き禁じられています。